Langenscheidt
Wortschatz

Deutsch
Fremdsprache
Bild für Bild

Langenscheidt

München · Wien

Herausgegeben von der Langenscheidt-Redaktion

Idee: Langenscheidt-Redaktion
Kreative Umsetzung und Autoren Beispielsätze:
Arndt Knieper, Martin Waller
Projektleitung und Redaktion: Martin Waller
Design und Layout: Arndt Knieper
Englische Übersetzung: Helen Galloway
Gesamtproduktion: Werkstatt München – Buchproduktion
Covergestaltung: Fuchs Design, München

www.langenscheidt.de

© 2017 Langenscheidt GmbH & Co. KG
Satz: Anja Dengler, Werkstatt München
Druck und Bindung: Druckerei C. H. Beck, Nördlingen

ISBN 978-3-468-20224-7

Do you find studying boring? Fancy having fun while you learn?

Then Langenscheidt's Bild für Bild is the vocabulary trainer for you. Its completely new approach guarantees a highly enjoyable and successful learning experience.

So how does it work? It is well known that associating a word with a memorable picture and using the word in an example sentence helps you to memorize it. Well, this method works even better if it makes you laugh. Your memory is much likelier to retain a humorous or ironic association between the word, picture and example sentence. This means that you can have fun and still learn a lot at the same time.

die Zahnbürste
['tsa:nbʏrstə] *n*
the toothbrush

Die Zahnbürste war ein sicheres Zeichen: Sie würde bleiben.
The toothbrush was a sure sign that she would stay.

der Föhn
[føːn] *n*
the hairdryer

Dass ein einfacher Föhn solche Gefühle wecken kann ...
You wouldn't think that a humble hairdryer could awaken such feelings ...

die **Haarbürste**
['haːebʏrstəl] *n*
the hairbrush

die **Seife**
['zaɪfə] *n*
the soap

die **Creme**
[kreːm] *n*
the cream

die **Zahnpasta**
['tsaːnpasta] *n*
the toothpaste

1 The vocabulary is divided into five major areas of our lives. The words have been selected based on their frequency, topicality and usefulness. Grouping them together by theme makes them even easier to learn.

2 Additional word lists supplement and expand the vocabulary.

3 For every word, we also show its part of speech, its pronunciation using the International Phonetic Alphabet (see page 8) and its German translation.

3 **arbeiten**
['aʀbaɪtən] *v*
to work

4 Bis zu den Knien im Dreck: Das nenn' ich **arbeiten**!
Up to my knees in muck: that's what I call working!

4 In addition, different colours are used for the different parts of speech:

Nouns = blue
Verbs = red
Adjectives and
adverbs = green
Function words = purple
Phrases = black

haben
[ha:bən] *v*
to have (got)

Seit heute **habe** ich einen richtig guten Freund.
From now on I've got a really good friend.

Haben is also an auxiliary verb to indicate the prestent perfect of many verbs: Ich habe neue Teller gekauft – "I have bought some new plates."
A synonym of haben as a full verb is besitzen (to possess).

5

5 "Post-it notes" contain tips on usage and how to tell the difference between words that are easily confused, as well as other aspects of the language such as word formation.

And if you are searching for a specific word, you can find it in one of the separate indexes for each language at the back of the book.

ABBREVIATIONS:

adj	adjective
adv	adverb
conj	conjunction
etw.	etwas
f	feminine
interj	interjection
m	masculine
m/f	masculine and feminine
n	noun
phrase	phrase
pl	plural
prep	preposition
pron	pronoun
sg	singular
sth.	something
v	verb

Vowels

SYMBOL	EXAMPLE	PRONUNCIATION
[a]	gef a llen	similar to a in British English c a t
[a:]	B a hn, ein p aa r	like a in f a ther
[ɛ]	am b e sten, e ssen	like e in b e d
[e:]	l e sen, s e hr, T ee	formed similarly to a long [i:] but with the mouth a bit more open
[ə]	bitt e , dank e	non-stressed -e endings, like a in a bout
[ɪ]	du b i st, r i cht i g	like i in l i st
[i:]	Kant i ne, L ie be	like ee in s ee
[ɔ]	o ffen, P o st	similar to o in n o t
[o:]	O bst, w o hnen	formed similarly to [ɔ] but with the lips more rounded and closed
[ʊ]	u m, L u st	like u in p u t
[u:]	U hr, Radt ou r, J u ni	like ou in y ou

Diphthongs and umlauts

SYMBOL	EXAMPLE	PRONUNCIATION
[aɪ]	M ai , h ei ßen (Bayer, Meyer)	like y in m y
[au]	Au to, eink au fen	like ou in m ou th
[ɔʏ]	R äu me, n eu , t eu er	like oy in b oy
[ɛ]	Erk ä ltung, H ä nde	like e in b e d
[ɛ:]	erz ä hlen, Gespr ä ch	like ai in f ai r
[œ]	pl ö tzlich, ö ffnen	somewhere between [ɔ] and [ɛ]
[ø]	nerv ö s, S ö hne	somewhere between [o:] and [e:]
[ʏ]	M ü tter, m ü ssen	similar to [y:] but shorter and with the mouth a bit more open
[y:]	Gem ü se, fr ü her	formed like [i:] but with the lips shaped as for [u:]

Consonants

SYMBOL	EXAMPLE	PRONUNCIATION
[ç]	i ch , wel ch e	no English equivalent, can occur as an allophone of [h] in front of vowels (like h uge or h ue)

SYMBOL	EXAMPLE	PRONUNCIATION
[ɪç]	weni **g**	only as a word ending
[x]	Na **ch** t, au **ch**	after German **a, o, u, au** – no English equivalent, like the Scottish **ch** in lo **ch**
[f]	**f** ünf, **V** ater	like the English **f**
[j]	**j** a, **J** acke	like **y** in New **Y** ork
[k]	Ja **ck** e, we **g**	like **ck** in ja **ck** et
[ŋ]	lä **ng** er	like **ng** in lo **ng**
[p]	**P** ause, gi **b**	like the English **p**
[r]	**r** ot	no English equivalent, like the Scottish **r** in cu **r** d
[e]	Lehr **er**	similar to the English **u** in b **u** t
[z]	le **s** en	like **z** in **z** ero
[s]	Wa **ss** er, Stra **ß** e	like **s** in **s** ay
[ʃ]	**sch** warz	like **sh** in **sh** ow
[ʃp], [ʃt]	**Sp** ort, **st** udieren	combination of [ʃ] and [p] or [t] when **sp** and **st** are combined at the beginning of a word
[t]	gu **t**, Stad **t**, wir **d**	like the English **t**
[tʃ]	deu **tsch**	like **ch** in **ch** at
[v]	**w** irklich	like **v** in **v** oice
[ts]	**Z** immer, pu **tz** en	like **ts** in le **t's**

SOME PRONUNCIATION RULES

[:] means that the previous vowel is a long vowel.

A lot of consonants (b, d, g, h, k, l, m, n, p, t) are generally pronounced the same (or almost the same) as their English counterparts.

Vowels in front of double consonants are always short: Tr **e** ppe, p **a** ssieren.

Double vowels, ie and vowels + h are always long: T **ee**, pass **ie** ren, s **eh** r.

b, d, g at the end of a word are pronounced like p, t, k: we **g**, gi **b**, wir **d**.

h after a vowel is not pronounced. It just prolongs the vowel: B **ah** n, s **eh** r, w **oh** nen, **Uh** r.

The German [r] is formed in the throat and pronounced as if you are clearing your throat or gurgling.

STRESS

Usually the first syllable in a word is stressed. However, the stress in German is relatively free and similar looking words can be stressed differently. The primary stress is signalled with ['] the secondary with [,].

ich
[ɪç] *pron*
I

Ich weiß, dass
ich nichts weiß.

*I know that
I know nothing.*

geboren werden
[gəˈboːrən veːedən] *v*
to be born

Ich erinnere mich nicht, dass ich **geboren wurde**, ich war wohl nicht ganz bei Sinnen.

I don't remember being born. I guess I wasn't really thinking straight.

die **Geburt**
[gəˈbuːet] *n*
the birth

Mit der **Geburt** beginnt eine Reise voller Überraschungen, die man Leben nennt.

Birth is the beginning of a journey full of surprises called life.

das **Baby**
['be:bi] *n*
the baby

Solange es schläft, ist es das
süßeste Baby der Welt.

*As long as it's asleep, it's the
sweetest baby in the world.*

aufwachsen
['aufvaksən] *v*
to grow up

Er ist mit Tieren **aufgewachsen**.
He's grown up with animals.

der **Junge**
['jʊŋə] *n*
the boy

das **Mädchen**
['mɛ:tçən] *n*
the girl

Manchmal ist es nicht so
einfach zu unterscheiden, wer
Junge und wer Mädchen ist.

*Sometimes it's not so easy
to tell boys and girls apart.*

großziehen
['gro:stsi:ən] *v*
to bring up

Carla **wurde** zwischen Kaffee-
tasse und Laptop **großgezogen**.

*Carla was brought up between
coffee cup and laptop.*

das **Kind**
[kɪnt] *n*
the child

Jedes Kind sollte ein
Instrument lernen.

*Every child should learn
an instrument.*

die **Kindheit**
['kɪnthaɪt] *n*
the childhood

Kindheit heißt, mit vollem
Ernst zu spielen.

*Childhood means taking play
absolutely seriously.*

die **Jugend**
['ju:gənt] *n*
the youth

In der Jugend hört man nur,
was man hören will.

*In your youth you only hear
what you want to hear.*

14

Opa sieht auf dem Foto so jung aus!

... und er ist immer noch nicht alt ...

Grandpa looks so young in the photo!

jung
[jʊŋ] *adj*
young

alt
[alt] *adj*
old

...and he still isn't old...

der Mensch
[mɛnʃ] *n*
man

Und Gott schuf den Menschen nach seinem Ebenbild.
And God created man in his own image.

menschlich
['mɛnʃlɪç] *adj*
human

Irren ist menschlich!
To err is human.

erwachsen
[ɛɐ'vaksən] *adj*
adult

Erwachsen zu sein heißt nicht, nie mehr kindisch zu sein.
Being adult doesn't have to mean never being childish.

die Frau
['frau] *n*
the woman

Frauen wollen immer nur das eine ...
Women only ever want one thing...

der Mann
[man] *n*
the man

... und Männer das andere.
...and men the other.

... Jahre alt sein
[... 'jaːrə alt zaɪn] v
to be... years old

Ich **bin** schon drei **Jahre alt**!
I'm already three years old!

leben
['leːbən] v
to live

Heinz sagt, er will ewig **leben** ...
Heinz says he wants to live forever...

das Leben
['leːbən] n
the life

Ich hab mir mein **Leben** wirklich anders vorgestellt.
I really thought my life would be different.

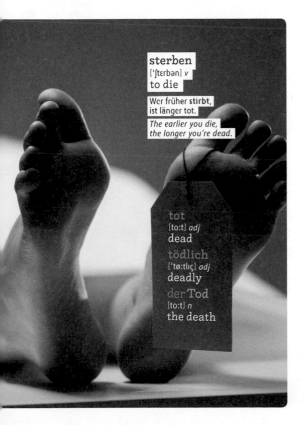

sterben
['ʃterbən] v
to die

Wer früher **stirbt**, ist länger tot.
The earlier you die, the longer you're dead.

tot
[toːt] adj
dead

tödlich
['tøːtlɪç] adj
deadly

der Tod
[toːt] n
the death

lebendig
[leː'bɛndɪç] adj
alive

Es hat funktioniert! Es ist **lebendig**!
It's worked! It's alive!

das Grab
[ɡʁaːp] n
the grave

Das **Grab** meines Urgroßvaters ist in der dritten Reihe.
The grave of my great-grandfather is in the third row.

THE BODY

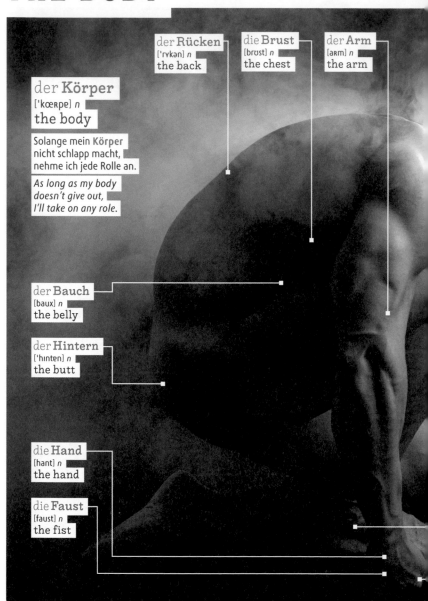

der **Rücken**
['rʏkən] *n*
the back

die **Brust**
[brʊst] *n*
the chest

der **Arm**
[aʀm] *n*
the arm

der **Körper**
['kœʀpɐ] *n*
the body

Solange mein Körper
nicht schlapp macht,
nehme ich jede Rolle an.

*As long as my body
doesn't give out,
I'll take on any role.*

der **Bauch**
[baux] *n*
the belly

der **Hintern**
['hɪntɐn] *n*
the butt

die **Hand**
[hant] *n*
the hand

die **Faust**
[faust] *n*
the fist

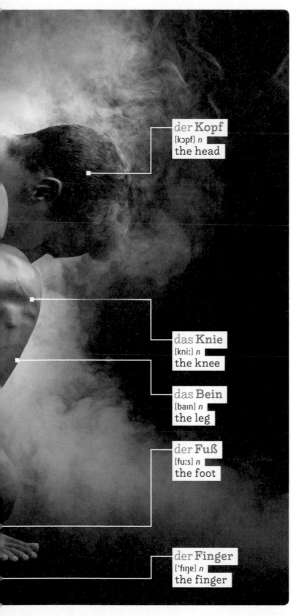

der **Kopf**
[kɔpf] *n*
the head

das **Knie**
[kniː] *n*
the knee

das **Bein**
[baɪn] *n*
the leg

der **Fuß**
[fuːs] *n*
the foot

der **Finger**
['fɪŋɐ] *n*
the finger

das **Blut**
[bluːt] *n*
the blood

Jetzt könnte ich auch ein
Schlückchen Blut vertragen.
*I could do with a little drop
of blood now too.*

das **Herz**
[hɛrts] *n*
the heart

Wer braucht ein Herz, wenn ein
Herz gebrochen werden kann?
*Who needs a heart when a
heart can be broken?*

der **Knochen**
['knɔxən] *n*
the bone

Ein Mensch hat 206 Knochen
im Körper. Für mich reicht einer.
*Humans have 206 bones in their
bodies. One is enough for me.*

das **Gehirn**
[gə'hɪrn] *n*
the brain

Das menschliche Gehirn
ist zu den erstaunlichsten
Leistungen fähig.
*The human brain is capable
of the most amazing feats.*

die **Zunge**
['tsʊŋə] *n*
the tongue

Man hat damit ein ganz
anderes Gefühl auf der Zunge.
*It gives you a totally different
feeling on your tongue.*

der **Zahn**
[tsa:n] *n*
the tooth

Tatsächlich, da fehlt ein Zahn!
There really is a tooth missing!

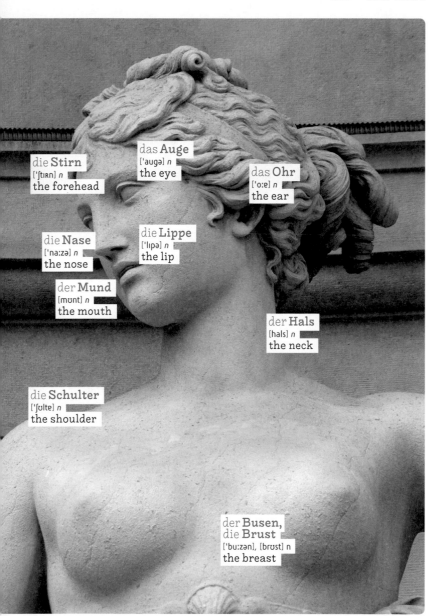

die **Stirn**
['ʃtɪʁn] *n*
the forehead

das **Auge**
['augə] *n*
the eye

das **Ohr**
['oːɐ] *n*
the ear

die **Nase**
['naːzə] *n*
the nose

die **Lippe**
['lɪpə] *n*
the lip

der **Mund**
[mʊnt] *n*
the mouth

der **Hals**
[hals] *n*
the neck

die **Schulter**
['ʃʊltɐ] *n*
the shoulder

der **Busen,**
die **Brust**
['buːzən], [brʊst] *n*
the breast

die **Schönheit**
['ʃøːnhaɪt] *n*
the beauty

Schönheit ist Macht,
ein Lächeln ihr Schwert.

*Beauty is power,
a smile its sword.*

das **Gesicht**
[gə'zɪçt] *n*
the face

Mach nicht so ein
komisches **Gesicht**.

*Stop pulling such a
funny face.*

schlank
[ʃlaŋk] *adj*
slim

Ja, er ist **schlank**, das ist aber
auch schon alles.

*Yes, he's slim, but that's
all he is.*

ähneln
['ɛːnəln] *v*
to look alike

Von Nahem **ähneln** sie sich
gar nicht mehr so sehr.

*They don't look alike quite
so much from close up.*

das **Haar**
[haːɐ] *n*
the hair

Mädchen, schüttle deine Haare für mich!

Girl, shake out your hair for me!

dick
[dɪk] *adj*
fat

dünn
[dʏn] *adj*
thin

Ob dick oder dünn, beide sind meine Freunde.

Fat or thin, both of them are my friends.

Haar is used mostly in the plural in German:
Sie hat blonde Haare –
"She's got blonde hair."
Das Haar (singular) mostly refers to one single hair.

die **Frisur**
[fri'zuːɐ] *n*
the haircut

Vorsicht, mein Anwalt ist auf ruinierte Frisuren spezialisiert!

Be careful, my lawyer specializes in ruined haircuts.

hübsch
[hʏpʃ] *adj*
pretty

Sie sieht hübsch aus in ihrem neuen Kleid.

She looks pretty in her new dress.

klein
[klaɪn] *adj*
short

groß
[groːs] *adj*
tall

Wenn du nicht so klein wärst, kämest du besser ran. – Ach was, du bist einfach zu groß.

If you weren't so short, you'd be able to reach better. – No, you're just too tall.

hässlich
['hɛslɪç] *adj*
ugly

Mama, mit der hässlichen Krawatte geh' ich nicht mit.

Mum, I'm not going with you in this ugly tie.

CHARACTER

der **Charakter**
[ka'rakte] *n*
the character

Sie war weder reich
noch berühmt, aber
sie hatte Charakter.

*She was neither rich
nor famous, but she
had character.*

fröhlich
['frø:lıç] *adj*
cheerful

Um fröhlich zu sein, braucht es keinen Grund.

Who needs a reason to be cheerful?

brav
[bra:f] *adj*
good

Sei ein braves Mädchen und iss deine Karotten.

Be a good girl and eat your carrots.

die Geduld
[gə'dʊlt] *n*
the patience

Der Löwe zeigte viel Geduld mit dem Dompteur.

The lion showed a lot of patience with the lion tamer.

geduldig
[gə'dʊldıç] *adv*
patiently

Geduldig wartete er auf seine Frau.

He was waiting patiently for his wife.

der Mut
[mu:t] *n*
the courage

Oben angekommen, verließ mich der Mut.

My courage failed me when I got to the top.

ungeduldig
['ʊngədʊldıç] *adj*
impatient

Langsam werd' ich ungeduldig.

I'm starting to get impatient.

mutig
['mu:tıç] *adj*
brave

Ist sie mutig oder einfach nur doof?

Is she brave or just stupid?

unhöflich
['ʊnhøːflɪç] *adj*
impolite

Egal, wie Tante Annas Kekse schmecken, das ist einfach unhöflich!

It doesn't matter what Aunt Anna's biscuits taste like, it's just impolite!

lustig
['lʊstɪç] *adj*
funny

Er versuchte verzweifelt, lustig zu sein.

He desperately tried to be funny.

ernst
[ɛrnst] *adv*
seriously

Musst du immer alles so ernst nehmen?

Do you always have to take everything so seriously?

höflich
['høːflɪç] *adj*
polite

Er war so unglaublich höflich, da konnte ich nicht widerstehen.

He was so incredibly polite that I couldn't resist.

neugierig
['nɔygiːrɪç] *adj*
curious

Wer nicht neugierig ist, schafft den Durchbruch nie.

If you aren't curious, you'll never make that breakthrough.

vorsichtig
['foːɛzɪçtɪç] *adj*
careful

Mein Schatz ist ein vorsichtiger Fahrer.

My darling is a careful driver.

dumm
[dʊm] *adj*
stupid

Ich bin einfach zu dumm für diese blöden Hausaufgaben.

I'm just too stupid for this silly homework.

die Dummheit
['dʊmhaɪt] *n*
the stupidity

Und jetzt trittst du auch noch rein. Was für eine Dummheit!

And now you're stepping in it too! What stupidity!

unvorsichtig
['ʊnfoːɐ̯zɪçtɪç] *adj*
careless

Du musst diesen unvorsichtigen Babysitter sofort rausschmeißen!

You have to fire that careless babysitter immediately!

faul
[faul] *adj*
lazy

Ja, ich bin faul. Na und?

Yes, I'm lazy. So what?

ruhig
[ʀuːɪç] *adj*
calm

Wie kannst du da so ruhig bleiben? Ich bin schwanger!

How can you keep so calm? I'm pregnant!

lieb, nett
[liːp], [nɛt] adj
kind, nice

Hanna war heute besonders lieb zu ihrer Schwester.

Hanna was particularly kind to her sister today.

das **Gefühl**
[gəˈfyːl] *n*
the feeling

Wahre **Gefühle** kann man
nicht unterdrücken.

*There's no way you can
suppress your true feelings.*

mögen
['mø:gən] *v*
to like

Ich **mag** es, schnell
ins Büro zu kommen.

*I like to get to the
office quickly.*

die Freude
['frɔydə] *n*
the pleasure

Es war so eine **Freude**, Elena
ohne ihre Kinder zu sehen.

*It was such a pleasure to see
Elena without her children.*

die Überraschung
[yːbeˈraʃʊŋ] *n*
the surprise

Zu meiner **Überraschung**
hatte meine Freundin eine
kleine Party organisiert.

*To my surprise my girlfriend
had organized a little party.*

Angst haben (vor)
['aŋst haːbən (fɔr)] *v*
to fear sth.,
to be afraid (of),

Wovor **hast** du **Angst**? Das ist
doch nur ein winziges Tierchen!

*What is there to fear? It's just
a tiny bug.*

wie
[viː] *prep*
like

Hier fühle ich mich **wie** im
Paradies.

I feel like I'm in paradise here.

zufrieden
[tsuˈfriːdən] *adj*
satisfied

Sie haben mir das Kleid umge-
tauscht, jetzt bin ich **zufrieden**.

*They have exchanged the dress,
now I'm satisfied.*

nicht leiden können
[nɪçt ˈlaɪdən kœnən] *v*
can't stand

Ich **kann** dich echt
nicht leiden!

I really can't stand you!

schrecklich
['ʃrɛklɪç] *adj*
terrible

Das Hotel war einfach
schrecklich!

*The hotel was simply
terrible!*

die Trauer
['trauɐ] n
the mourning

Ihre Trauer hielt sich ziemlich in Grenzen.

Her mourning was pretty restrained.

glücklich sein
['glʏklɪç zaɪn] v
to be happy

Ich bin so glücklich, dass es schon wehtut.

I'm so happy it hurts.

Lieblings-
['liːblɪŋs] adj
favourite

Das gibt's doch nicht! Die klauen gerade mein Lieblingsauto!

I don't believe it! They're stealing my favourite car!

Ich bin froh, dass der Blumenladen noch offen hatte.

froh
[fro:] adj
glad

I'm glad that the flower shop was still open.

das Lächeln
['lɛçəln] n
the smile

Ein einziges Lächeln kann einem den ganzen Tag retten!

A single smile can make your whole day.

weinen
['vaɪnən] v
to cry

Wenn Sam Frodo ins Wasser nachläuft, muss ich immer weinen.

I always have to cry when Sam runs into the water after Frodo.

unangenehm
['ʊn|angəneːm] *adj*
unpleasant

Das könnte ziemlich unangenehm werden.

This could get rather unpleasant.

lachen
['laxən] *v*
to laugh

Über so einen Blödsinn könnt ihr Typen **lachen**!

That you guys can laugh at such nonsense!

traurig
['traʊrɪç] *adj*
sad

Sei nicht **traurig**. Nächstes Jahr steigt ihr wieder auf.

Don't be sad. You'll get promoted again next year.

einsam
['aɪnzaːm] *adj*
lonely

Zurück im Hotel, fühlte Aisha sich wieder furchtbar **einsam**.

Back in the hotel, Aisha felt awfully lonely again.

---

unglücklich
['ʊnglʏklɪç] *adj*
unhappy

(sich) fühlen
[(zɪç) 'fyːlən] *v*
to feel

überrascht sein
[yːbeˈraʃt zaɪn] *v*
to be surprised

Glück haben
['glʏk haːbən] *v*
to be lucky

die Angst
[aŋst] *n*
the fear

angenehm
['angəneːm] *adj*
pleasant

lächeln
['lɛçəln] *v*
to smile

das Lachen
['laxən] *n*
the laughter

die Traurigkeit
['traʊrɪçkaɪt] *n*
the sadness

die Erinnerung
[ɛɐˈɪnərʊŋ] *n*
the memory

Einen Moment – die **Erinnerung** kommt gerade wieder.

Hold on – the memory is just coming back to me.

denken
[ˈdɛŋkən] *v*
to think

Was **denkst** du eigentlich, wer du bist?

Who do you actually think you are?

halten von
[ˈhaltən fɔn] *v*
to think of

Nur eine kurze Frage: Was **halten** Sie **von** Heimarbeit?

Just a quick question: what do you think of working from home?

wissen
[ˈvɪsən] *v*
to know

Man sollte immer genau **wissen**, was man tut …

You should always know exactly what you are doing...

vergessen
[fɛɐˈgɛsən] *v*
to forget

Tja, die **hab'** ich **vergessen** – nun kann ich sie wohl **vergessen**.

Well, I forgot this one – seems like I can forget about it now.

sich fragen
[zɪç ˈfraːgən] *v*
to wonder

Ich **frage mich**, wie das je funktionieren soll.

I wonder how this is ever going to work.

der **Gedanke**
[gə'daŋkə] *n*
the thought

My haircut sucks!

That's what I wanted to say.
Can he read my thoughts?

Das wollte
ich gerade
sagen. Kann
er Gedanken
lesen?

Mein Haar-
schnitt ist
voll ätzend!

bemerken
[bə'mɛrkən] *v*
to notice

Zum Glück hat sie mich
noch nicht bemerkt.

Fortunately she hasn't
noticed me yet.

erwarten
[ɛɐ'vartən] *v*
to expect

Nein! Das hätte ich wirklich
nie erwartet!

No! I'd really never have
expected that!

sich erinnern
[zɪç ɛɐ|'ɪnɛn] *v*
to remember

An das Auto kann ich mich erinnern, an seinen Namen nicht.

I remember the car but not
his name.

sehen
['ze:ən] *v*
to see

Manchmal ist es ganz gut,
nicht alles scharf zu **sehen**.

*Sometimes it's quite good not
to see everything clearly.*

schauen
['ʃauən] *v*
to look

Jäger, die **schauen**,
schießen nicht.

*Hunters who are looking
aren't shooting.*

der Blick
[blɪk] *n*
the look

Wenn Blicke töten könnten …

If looks could kill…

hören
['hø:ʁən] *v*
to hear

Schrei mich nicht an,
ich **höre** noch sehr gut.

*Don't shout. I can
still hear very well.*

das Geräusch, der Klang
[gə'ʁɔyʃ], [klaŋ] *n*
the sound

Schallwellen werden erst zu
Klang, wenn ein Ohr da ist.

*Sound waves only become
sound if there's an ear present.*

berühren
[bə'ʁy:ʁən] *v*
to touch

Ich mag es, wenn du mich
berührst.

*I like it when you
touch me.*

der Geruch
[gə'ʁʊx] *n*
the smell

Mehr und mehr fasziniert mich
dieser Geruch.

*I'm finding this smell more
and more fascinating.*

riechen
['ri:çən] *v*
to smell

Aber sie muss doch **riechen**!

But it must smell!

stinken
['ʃtɪŋkən] *v*
to stink

Thomas meint, es **stinkt**.
Ich finde, er übertreibt.

Thomas thinks it stinks.
I think he's exaggerating.

glauben
['glaubən] *v*
to believe

Ich muss nur fest genug dran
glauben …

I only have to believe in it
hard enough…

Langsamer,
Mädels – hört
der Musik zu!

zuhören
['tsu:hø:rən] *v*
to listen

Slow down, girls –
listen to the music!

hoffen
['hɔfən] *v*
to hope

Ich **hoffe**, der Gehweg wird
endlich mal repariert.

I hope they're finally going
to repair the pavement.

annehmen, vermuten
['anne:mən], [fɛe'mu:tən] *v*
to suppose

Man könnte **annehmen**,
sie will was von mir.

You might suppose
she was after something.

der Eindruck
['aɪndrʊk] *n*
the impression

Immer dran denken: Der erste
Eindruck zählt!

Always remember. It's the first
impression that counts!

tun
[tu:n] *v*
to do

machen
['maxən] *v*
to do, to make

Was zur Hölle **tust** du
denn da? Ich dachte, du
machst das Abendessen!

*What the hell are you
doing? I thought you
were making dinner!*

The verb *tun* is often
combined with adjec-
tives to form phrases:
Das tut weh (That
hurts). Otherwise, the
verb *machen* is a com-
mon way of expressing
"to do" in German:
*Ich mache meine Haus-
aufgaben* (I'm doing
my homework).

lassen
['lasən] *v*
to let

Lass los! – Aber **lass** es mich doch wenigstens angucken ...

Let go! – But let me at least have a look at it first...

hereinkommen, eintreten
[hɛ'raın|kɔmən], ['aın|tre:tən *v*
to come in

Kommen Sie nur **herein**!

Just come in!

bewegen
[bə've:gən] *v*
to move

Wenn du ihn fangen willst, musst du dich mehr **bewegen**!

If you want to catch it, you'll have to move a bit faster!

verlassen
[fɛɛ'lasən] *v*
to leave

Er **verließ** sie ohne ein Wort, aber mit großem Getöse.

He left her without a word but with a huge roar.

das Ding
[dıŋ] *n*
the thing

Das **Ding** aus dem All.

The thing from outer space.

verwenden, benutzen
[fɛɛ'vɛndən], [bə'nʊtsən] *v*
to use

Bitte das hier **verwenden**!

Use this please!

nützlich sein
['nʏtslıç zaın] *v*
to be of use

Ist das Klopapier aus, **sind** Taschentücher sehr **nützlich**.

When you've run out of toilet paper, tissues are of enormous use.

die **Tätigkeit**
['tɛ:tıçkaıt] *n*
the activity

die **Handlung**
['handlʊŋ] *n*
the action

die **Sache**
['zaxə] *n*
the thing;
the matter

der **Gegenstand**
['ge:gənʃtant] *n*
the object

kommen
['kɔmən] v
to come

Komm endlich rein und mach
die Tür zu.

*Come on in and close
the door.*

gehen
['geːən] v
to walk, to go

Lasst uns ein bisschen schneller
gehen.

Let's walk a little faster.

tragen
[tʀaːgən] v
to carry

Vorsicht, er **trägt** eine Waffe!

Watch out! He's carrying a gun!

ziehen
['tsiːən] v
to pull

Und nun **ziehen** wir die Ringe
hoch bis unter die Decke …

*And now we're going to
pull the rings up to the ceiling…*

schieben
['ʃiːbən] v
to push

Schauen Sie nicht nur zu, helfen Sie **schieben**!

Don't just stand there watching, come and help us push!

drücken, pressen
['drvkən], ['prɛsən] v
to press

Am liebsten würde ich jetzt den Not-Aus-Knopf **drücken**.

Most of all right now I'd like to press the emergency stop button!

legen
['leːgən] v
to put

Gut, ich **lege** noch einen drauf. – Ein Haus wird trotzdem nicht draus.

All right. I'll put one more on top. – It's still not going to be a house.

sich umdrehen
[zɪç 'ʊmdreːən] v
to turn (around)

Sie **drehte** sich zu mir **um**, lächelte – und schon krachte es.

She turned to me and smiled – and that's when the crash occurred.

halten
['haltən] v
to hold

Nur ich darf unsere Katze **halten**. Alle anderen kratzt sie.

I'm the only person allowed to hold our cat. It scratches everyone else.

vorbereiten
['foːebəraɪtən] v
to prepare

Du wolltest doch das Seil **vorbereiten**!

You were the one who wanted to prepare the rope!

versuchen
[fɛe'zuːxən] v
to try

Wenn du es nur oft genug **versuchst**, schaffst du es auch.

If you try enough times, you'll succeed.

38

sicher, gewiss
['zɪçɐ], [gə'vɪs] *adj*
sure, certain

Ich bin mir nicht sicher, ob er der Vater ist ...

I'm not sure if he's the father...

die Anstrengung
['anʃtrɛŋʊŋ] *n*
the effort

Das richtige Ziel ist jede Anstrengung wert.

The right goal is worth every effort.

die Entscheidung
[ɛnt'ʃaɪdʊŋ] *n*
the decision

Diese Entscheidung will gut überlegt sein.

This decision needs careful consideration.

Als nächsten Schritt planen wir, alle Wände gelb zu streichen.

planen
['plaːnən] *v*
to plan

As our next step we're planning to paint all the walls yellow.

wahrscheinlich
[va:ɐ'ʃaɪnlɪç] *adv*
probably

Ich komme wahrscheinlich ein paar Minuten später.

I'm probably going to be a couple of minutes late.

entscheiden
[ɛnt'ʃaɪdən] *v*
to decide

die Sicherheit, die Gewissheit
['zɪçɐhaɪt], [gə'vɪshaɪt] *n*
the certainty

möglich
['møːklɪç] *adj*
possible

vielleicht
[fi'laɪçt] *adv*
maybe, perhaps

suchen
['zu:xən] *v*
to look for, to search

Wenn ich nur wüsste, wonach
wir überhaupt **suchen**.

*If only I knew what we're
looking for.*

unmöglich
[ʊn'mø:klɪç] *adj*
impossible

Ich hab's dir gesagt: Damit
kann man **unmöglich** Geld
verdienen.

*I told you. It's impossible
to make money doing that.*

finden
['fɪndən] *v*
to find

Ätsch, ihr könnt mich gar
nicht **finden**!

Ha-ha! Bet you can't find me!

entfernen,
wegnehmen
[ɛnt'fɛrnən], ['vɛkne:mən] *v*
to remove

Ich **hätte** mir meine Haare doch
nicht **entfernen** lassen sollen.

*I shouldn't have got my hair
removed.*

brauchen
['brauxən] *v*
to need

Ich **brauche** noch
fünf Minuten …

*I just need another
five minutes…*

schlafen
[ˈʃlaːfən] *v*
to sleep

Lieber acht Stunden Arbeit,
als gar nicht **schlafen**.

*I'd rather do eight hours of
work than not sleep at all.*

einschlafen
[ˈaɪnʃlaːfən] *v*
to fall asleep

Er war so langweilig,
ich **bin** fast **eingeschlafen**.

*He was so boring, I nearly fell
asleep.*

wecken
[ˈvɛkən] *v*
to wake

Ich hab' eine todsichere
Methode, Papa zu **wecken**.

*I've got a sure-fire way
of waking Dad.*

müde
[ˈmyːdə] *adj*
tired

Ach, geht doch rüber zu den
Zebras, ich bin jetzt **müde**.

*Oh, go over and look at the
zebras. I'm tired now.*

aufwachen
[ˈaufvaxən] *v*
to wake up

Feierabend. Zeit, **aufzuwachen**.

*Time to finish work. Time to
wake up.*

aufstehen
[ˈaufʃteːən] *v*
to get up

Wenn Leopold mit so guter
Laune **aufsteht**, ist er
unerträglich.

*Leopold's unbearable when he
gets up in such a good mood.*

besitzen
[bə'zɪtsən] v
to own

So ein Boot wollte ich schon immer **besitzen**.

I've always wanted to own a boat like that.

eigen
['aɪɡən] adj
own

Endlich meine **eigene** Wohnung!

At last my own flat!

behalten
[bə'haltən] v
to keep

Papa, bitte, können wir ihn **behalten**?

Dad, please can we keep him?

der Besitz, das Eigentum
[bə'zɪts], ['aɪɡəntuːm] n
the property

Endlich **Eigentum**: Mein eigenes Stück Land!

Some property at last. My own piece of land!

geben
['ge:bən] v
to give

Gib MIR den Teddy!
Give the teddy to ME!

bekommen
[bə'kɔmən] v
to get

Arbeitsteilung: Er **bekommt** die Schläge, ich das Geld.

Division of labour: he gets the punches and I get the money.

(mit)bringen
['(mɪt)brɪŋən] v
to bring (along)

Bringen Sie ruhig Ihre Freundin **mit**.
Feel free to bring your girlfriend along too.

annehmen
['anne:mən] v
to accept

Das kann ich unmöglich **annehmen**.
I couldn't possibly accept it.

erhalten
[ɛɐ'haltən] v
to receive, to get

Haben Sie nicht gestern schon Schuhe **bekommen**?
Didn't you receive some shoes just yesterday?

nehmen
['ne:mən] v
to take

Geben ist seliger denn **nehmen**.
It is better to give than to take.

mitnehmen
['mɪtne:mən] v
to take (along)

Kannst du auch meinen Liege-
stuhl **mitnehmen**, Schatz?

*Can you take my deckchair too,
honey?*

haben
[ha:bən] v
to have (got)

Seit heute **habe** ich einen
richtig guten Freund.

*From now on I've got a really
good friend.*

Habeu is also an auxi-
liary verb to indicate
the present perfect of
many verbs: Ich habe
neue Teller gekauft –
"I have bought some
new plates."
A synonym of habeu
as a full verb is besit-
zeu (to possess).

auch
[aux] adv
also, too

Zum Burger brauch
ich auch 'ne Cola.

*I also need some cola
with my burger.*

trennen
['trɛnən] v
to separate

Alles, was **trennt**, kann
überwunden werden.

*Everything that separates can
be overcome.*

reichen
['raɪçən] v
to pass

Würden Sie mir bitte
den Ball **reichen**?

*Would you please
pass me the ball?*

gesund
[gə'zʊnt] *adj*
healthy

Wir waren überrascht,
wie gesund Thomas
wieder zu sein schien.

*We were surprised at
how healthy Thomas
seemed to be again.*

die Gesundheit
[gə'zʊnthaɪt] *n*
the health

Gesundheit ist mehr
als nur die Abwesenheit
von Krankheit.

*Health is more than just
the absence of disease.*

behindert
[bə'hɪndet] *adj*
disabled

Papa ist doch nicht behindert.
Er sitzt nur im Rollstuhl.

Dad isn't disabled.
He just uses a wheelchair.

geistig, psychisch
['gaɪstɪç], ['psy:çɪʃ] *adj*
mental

Ich bin im vollen Besitz
meiner geistigen Kräfte.

I'm in full possession
of my mental faculties.

körperlich
['kœrpelɪç] *adj*
physical

An körperlicher Präsenz
fehlt es ihm wirklich nicht.

He really doesn't lack
any physical presence.

sich fühlen
[zɪç 'fy:lən] *v*
to feel

Ich fühl' mich gut – trotz
Heuschnupfen!

I feel good – despite my
hayfever.

der Schmerz
[ʃmɛrts] *n*
the pain

Gegen diesen Schmerz ist
kein Kraut gewachsen.

There's no remedy for
pain like this.

sich verletzen
[zɪç fɛɐ'lɛtsən] *v*
to hurt oneself

Ruf den Notarzt, ich habe
mich verletzt!

Call the emergency
doctor, I've hurt myself!

wehtun, schmerzen
[ve: tu:n], ['ʃmɛrtsən] *v*
to hurt

Es tat richtig weh, aber er hat
mich überhaupt nicht beachtet.

It really hurt but he completely
ignored me.

gut gehen
['gu:t ge:ən] *v*
to be well

Geht's dem Kind gut, geht's
auch der Mutter gut.

If the child is well, so is the
mother.

bluten
['blu:tən] v
to bleed

Sie **blutete** dann doch weniger, als ich gedacht hatte.

She bled less than I'd thought after all.

schlecht, übel
[ʃlɛçt], ['y:bəl] adj
sick

Bei diesem Grün kann einem ja nur **übel** werden.

That green would make anyone feel sick.

krank
[kʀaŋk] adj
ill

Diese komischen Auswüchse machen mir Sorgen. Bin ich **krank**?

I'm worried about these strange growths. Am I ill?

die Kopfschmerzen
['kɔpfʃmɛrtsən] n
the headache

Wenn ich nur wüsste, wo meine Kopfschmerzen herkommen.

If only I knew where I get my headaches from?

leiden
['laɪdən] v
to suffer

Alexander **leidet** auf hohem Niveau.

Alexander is suffering in style.

husten
['hu:stən] v
to cough

Immer wenn er cool sein wollte, musste er **husten**.

Whenever he wanted to appear cool, he needed to cough.

sich erkälten
[zɪç ɛɐˈkɛltən] v
to catch a cold

Bei so einem Freund ist es leicht, sich zu **erkälten**.

It's easy to catch a cold from a friend like that.

schwitzen
[ˈʃvɪtsən] *v*
to sweat

Die Hölle, das sind die anderen.
Vor allem, wenn sie **schwitzen**.

Hell is other people.
Especially when they sweat.

atmen
[ˈaːtmən] *v*
to breathe

Seit die Kinder bei Harry leben,
kann ich wieder frei **atmen**.

Since the children started
living with Harry, I've been
able to breathe freely again.

gesund werden
[gəˈzʊnt ˈvɛrdən] *v*
to recover

Natürlich **wirst** du wieder
gesund – irgendwann.

Of course you'll
recover – sometime.

die Wunde
[ˈvʊndə] *n*
the wound

Lass mich, Mama, es ist nur eine
Fleischwunde.

Leave me alone, Mum.
It's just a flesh wound.

der Schock
[ʃɔk] *n*
the shock

Ich bekam einen **Schock**, als er
plötzlich das Licht anmachte.

I got a shock when he suddenly
turned on the light.

der Atem
[ˈaːtəm] *n*
the breath

der Husten
[ˈhuːstən] *n*
the cough

die Übelkeit
[ˈyːbəlkaɪt] *n*
the sickness

der Schweiß
[ʃvaɪs] *n*
the sweat

bewusstlos
[bəˈvʊstloːs] *adj*
unconscious

Bewusstlos oder nicht,
wir müssen jetzt los!

Unconcious or not, it's
time we were leaving!

der **Zahnarzt,**
die **Zahnärztin**
['tsa:n|a:etst], ['tsa:n|ɛ:etstɪn] *n*
the dentist

Sogar meine Zunge verkrampfte sich, als sie den **Zahnarzt** sah.

Even my tongue tensed up when it saw the dentist.

verschreiben
[fɛɐ'ʃraɪbən] *v*
to prescribe

Ich kann Ihnen da ein fantastisches Mittel **verschreiben**.

I can prescribe you a fantastic remedy for that.

der **Arzt,**
die **Ärztin**
['a:etst], ['ɛ:etstɪn] n
the doctor

Teddys **Ärztin** ist eine echte Spezialistin.

Teddy's doctor is a real specialist.

... Ja, ja, aber in der anderen **Apotheke** gab's mehr Pröbchen ...

die **Apotheke**
[apo'te:kə] *n*
the pharmacy

Yes, yes, but at the other pharmacy they had more samples.

medizinisch
[medi'tsi:nɪʃ] *adj*
medical

die **Behandlung**
[bə'handluŋ] *n*
the treatment

das **Rezept**
[re'tsɛpt] *n*
the prescription

untersuchen
[ʊntɐ'zu:xən] *v*
to examine

die Untersuchung
[ʊnteˈzuːxʊŋ] *v*
the examination

Seien Sie versichert, diese Untersuchung ist völlig ungefährlich – für mich.

Be assured that this examination is completely safe – for me.

das Medikament
[medikaˈmɛnt] *n*
the medication

Heute möchte ich mal ein anderes Medikament ausprobieren.

Today I'd like to try some different medication.

für
[fyːɐ] *prep*
for

Die rote Hälfte ist für den Magen, die weiße für den Darm.

The red half is for the stomach, the white for the gut.

die Medizin
[mediˈtsiːn] *n*
the medicine

Medizin bedeutet Dienst am Menschen.

Medicine means serving other people.

behandeln
[bəˈhandəln] *v*
to treat

Sie fühlte sich gut behandelt.

She felt well treated.

die Vorsorge-untersuchung
[ˈfoːɐzɔrɡəˈʊnteˈzuːxʊŋ] *n*
the check-up

Glückwunsch, Sie sind meine 500. Vorsorgeuntersuchung!

Congratulations, you're my 500th check-up!

die Pille, die Tablette
[ˈpɪlə], [taˈblɛtə] *n*
the pill, the tablet

Mist, ich habe die Pille schon wieder vergessen.

Damn it, I've forgotten to take the pill again.

der Patient, die Patientin
['pa'tsjɛnt], ['pa'tsiɛntɪn] *n*
the patient

Ein Arzt braucht ein enges Verhältnis zu seinen Patienten.

A doctor needs to have a close relationship with his patients.

das Krankenhaus
['kraŋkənhaus] *n*
the hospital

Im Krankenhaus ist just ein Bett frei geworden.

A bed has just become available at the hospital.

die Operation
[opəra'tsjoːn] *n*
the operation

Das ist heute schon meine dritte Operation.

This is already my third operation today.

die Praxis
['praksɪs] *n*
the surgery

Bitte rechnen Sie heute in der Praxis mit längeren Wartezeiten.

Please expect long waiting times at the surgery today.

gefährlich
[gə'fɛːɐlɪç] *adj*
dangerous

Gerade eben sah die Piste noch überhaupt nicht gefährlich aus.

Just a moment ago the piste didn't look dangerous at all.

der Krankenwagen
['kraŋkənvaːgən] *n*
the ambulance

Hat dieser Krankenwagen auch WLAN?

Does this ambulance also have Wi-Fi?

retten
['rɛtən] *v*
to save

War nur ein Spaß. Ich rette dich ja gleich.

It was just a bit of fun. I'll save you right away.

die **Kranken-schwester**
['kraŋkənʃvəstɐ] *n*
the nurse

Wirklich? Die Kranken-schwester erbt alles?

Really? The nurse inherits everything?

der **Alarm**
[a'larm] *n*
the alarm

Bei Alarm muss das ganze Krankenhaus evakuiert werden.

When the alarm goes off, the whole hospital has to be evacuated.

der **Krankenpfleger**
['kraŋkənpfleːgɐ] *n*
the male nurse

… Und der Krankenpfleger erbt nichts?

…And the male nurse doesn't inherit a thing?

die **Notrufnummer**
['noːtruːfnʊmɐ] *n*
the emergency number

Wählen Sie die Notrufnummer, dann kommen wir auch.

Dial the emergency number and we'll be there.

um **Hilfe rufen**
[ʊm 'hɪlfə ruːfən] *phrase*
to call for help

Ruf doch **um Hilfe**, Papa!

Go on, Dad, call for help!

die Gefahr
[gə'faːel] *n*
the danger

die Klinik
['kliːnɪk] *n*
the clinic

operieren
[opə'riːrən] *v*
to operate

Hilfe!
['hɪlfɛ] *interj*
Help!

CLOTHING

die **Kleider,**
die **Kleidung**
['klaɪdɐ], ['klaɪdʊŋ] *n*
the clothes

Irgendwie stecken wir doch
alle sehr nackt in unseren
Kleidern.

*In a way we're all extremely
naked in our clothes.*

die **Hose**
['hoːzə] *n*
the trousers

das **Hemd**
[hɛmt] *n*
the shirt

das **Kleid**
[klaɪt] *n*
the dress

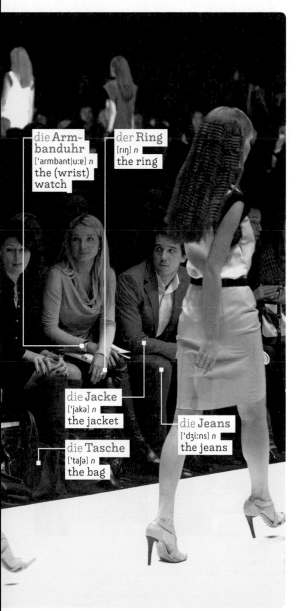

die **Arm-banduhr**
['armbant|uːɐ] *n*
the (wrist) watch

der **Ring**
[rɪŋ] *n*
the ring

die **Jacke**
['jakə] *n*
the jacket

die **Tasche**
['taʃə] *n*
the bag

die **Jeans**
['dʒiːns] *n*
the jeans

die **(Kleider)Größe**
['(klaɪdɐ)grøːsə] *n*
the size

Wunderbar, mein Herr, genau Ihre Größe!
Excellent, sir. Just your size!

anprobieren
['anprobiːrən] *v*
to try on

Probier mal diesen Hut an …
Just try this hat on…

passen
['pasən] *v*
to fit

In ein paar Jahren **passen** die Schuhe …
These shoes will fit in a couple of years…

der Rock
[rɔk] *n*
the skirt

In diesem **Rock** bin ich über den Atlantik geflogen …
I flew across the Atlantic in this skirt…

der Anzug
['antsuːk] *n*
the suit

Charmant ist er ja, aber sein **Anzug** ist aus dem Leihhaus.
He is charming, but his suit came from the pawnbroker's.

der Hut
[huːt] *n*
the hat

Diesen **Hut** will ich, und sonst keinen!
I want that hat and no other!

der Mantel
['mantəl] *n*
the coat

Ohne **Mantel** würde meine Püppi doch so schrecklich frieren.
My Popsy would be so terribly cold without her coat.

der Handschuh
['hantʃuː] *n*
the glove

Mit solchen **Handschuhen** ist Putzen das reine Vergnügen.
Gloves like these make cleaning a real pleasure.

der Regenschirm
['reːɡənʃɪrm] *n*
the umbrella

Du hast den **Regenschirm** wirklich dem Typ da geklaut?
You really pinched this umbrella off that guy over there?

die Brille
['brɪlə] *n*
the glasses

Hey, ich brauch' ja gar keine **Brille**!
Hey, I don't need glasses after all!

der Ohrring
['oːerɪŋ] *n*
the earring

Beim Pfandleiher kriege ich mindestens 50 Euro für die **Ohrringe**!
I'll get at least 50 euros at the pawn shop for these earrings!

die Halskette
['halskɛtə] *n*
the necklace

Die **Halskette** ist dein, und du bist mein.
The necklace is yours, and you are mine.

die **Unterhose**
[ˈʊnteho:zə] *n*
the (pair of) briefs

sich umziehen
[zɪç ˈʊmtsi:ən] *v*
to change

Wie lange brauchst du
eigentlich, um **dich umzuziehen**?

*How long do you actually
need to get changed?*

der **Pullover**
[pʊˈlo:ve] *n*
the pullover

der **Schuh**
[ʃu:] *n*
the shoe

die **Socke**
[ˈzɔkə] *n*
the sock

die **Bluse**
[ˈblu:zə] *n*
the blouse

eng
[ɛŋ] *adj*
tight

Es war eng, aber wir haben
gewonnen.
It was tight, but we won.

weit
[vaɪt] *adj*
wide

In weiten Hosen zu tanzen
macht doppelt Spaß!
*Dancing in wide trousers
is double the fun!*

kurz
[kʊʀts] *adj*
short

Ihr Rock was so kurz, dass er
schon fast wie ein Gürtel wirkte.
*Her skirt was so short it was
almost a belt.*

Jacke
ausziehen,
Jacke anziehen –
kannst du dich
endlich mal
entscheiden?

lang
[laŋ] *adj*
long

Das Kleid war lang,
die Ehe kurz.
*The dress was long,
the marriage short.*

anziehen
['antsiːən] *v*
to put on

ausziehen
['aʊstsiːən] *v*
to take off

*Put the jacket on,
take the jacket off –
can you finally make
up your mind?*

sich anziehen
[zɪç 'antsiːən] *v*
to put on
one's clothes

sich ausziehen
[zɪç 'aʊstsiːən] *v*
to take off
one's clothes

die **Sonnenbrille**
['zɔnənbrɪlə] *n*
the sunglasses

der **Bikini**
[bi'ki:ni] *n*
the bikini

die **Qualität**
[kvali'tɛːt] *n*
the quality

Mein Badeanzug-Schneider
liefert nur beste Qualität.

*My swimsuit designer only
delivers the best quality.*

der **Badeanzug**
['baːdəantsuːk] *n*
the swimsuit

die **Badehose**
['baːdəhoːzə] *n*
the swimming
trunks

tragen, anhaben
[tʁaːgən], ['anhaːbən] *v*
to wear

Orange kann man in jedem Alter
tragen.

*You can wear orange no matter
what age you are.*

der **Schlafanzug**
['ʃlaːfʔantsuːk] *n*
the pyjamas

Bring mir meinen Schlafanzug,
Xerxes!

Bring me my pyjamas, Xerxes!

das **Nachthemd**
['naxthɛmt] *n*
the nightshirt

Ich kann den Herzog doch nicht
im Nachthemd empfangen.

*I can't receive the duke
in my nightshirt.*

OTHER
PEOPLE

die **anderen**
[ˈandərən] *n*
the others

Ich kann nichts dafür!
Das waren die anderen.

It's not my fault!
It was the others.

die **Großmutter**
['gro:smʊtɐ] *n*
the grandmother

der **Vater**
['fa:tɐ] *n*
the father

die **Tochter**
['dɔːtɐ] *n*
the daughter

der **Sohn**
[zoːn] *n*
the son

die **Familie**
[faˈmiːliə] *n*
the family

Zur Kirschblüte spielen wir immer „glückliche **Familie**".

When it's the cherry blossom season, we always play "happy families".

der Großvater
['groːsfatɐ] *n*
the grandfather

die Mutter
['mʊtɐ] *n*
the mother

die Schwester
['ʃvɛstɐ] *n*
the sister

Meine Schwester ist 'ne
blöde Petze.

*My sister is a stupid
little snitch.*

der Bruder
['bruːdɐ] *n*
the brother

Sagt mal, seid ihr Brüder?
Tell me, are you brothers?

die **Mama**
['mama] *n*
the mum

der **Papa**
['papa] *n*
the dad

die **Oma**
['oːma] *n*
the grandma

der **Opa**
['oːpa] *n*
the grandpa

die Eltern
['ɛltən] *n*
the parents

Jedes Jahr schleppen meine Eltern uns an die Nordsee.

Every year, my parents drag us off to the North Sea.

die Tante
['tantə] *n*
the aunt

Unsere Tante bestand auf einem Küsschen.

Our aunt insisted on a kiss.

der Onkel
['ɔŋkəl] *n*
the uncle

Dein Onkel hält sich für einen großen Handwerker, was?

Your uncle reckons himself to be a bit of a handyman, doesn't he?

der Cousin
die Cousine
[ku'zɛ̃], [ku'ziːnə] *n*
the cousin

Cousin, die Ente bleibt draußen!

The duck stays out, cousin!

die Ehefrau
['eːəfrau] *n*
the wife

Wer so eine Ehefrau hat, braucht keine Geliebte.

With a wife like that, you don't need a mistress.

der Ehemann
['eːaman] *n*
the husband

Ein braver Ehemann ist der Traum jeder Schwiegermutter.

A dutiful husband is every mother-in-law's dream.

das Paar
['paːɐ] *n*
the couple

Was für ein schönes Paar!

What a lovely couple!

ledig
['leːdɪç] *adj*
single

Solange ich ledig bleibe, bekommen meine Füße genügend Luft.

My feet will keep getting plenty of air as long as I stay single.

die Hochzeit
['hɔxtsaɪt] *n*
the wedding

Nach der Hochzeit muss ich gleich wieder ins Büro, Schatz.

I need to get straight back to the office after the wedding, darling.

verheiratet
[fɛɐˈhaɪraːtət] *adj*
married

Gell, da schaust du: seit 52 Jahren glücklich verheiratet.

Just look at that, happily married for 52 years.

heiraten
[haɪʀaːtən] *v*
to get married

Was soll ich einen Prinzen heiraten, wenn ich dich haben kann?

Why would I want to get married to a prince when I can have you?

die Liebe
['li:bə] n
the love

Blindlings trifft der Liebe Pfeil.
Love is blind.

zusammenleben
[tsu'zamənle:bən] v
to live together

Zusammenzuleben *ist nicht immer leicht.*

Living together isn't always easy.

lieben
['li:bən] v
to love

Ich liebe das Gefühl von warmem Sand zwischen meinen Zehen.
I love the feel of warm sand between my toes.

der Kuss
[kus] n
the kiss

Mit so einem Kuss habe ich damals schon Dornröschen geweckt.
I woke Sleeping Beauty with a kiss like this.

(sich) küssen
[zɪç 'kʏsən] v
to kiss

Bah, Menschen küssen immer so weich.
Eugh, humans always kiss so softly.

Herr
[hɛr] *n*
Mr

So sehen wir uns wieder,
Herr Bond!

So, we meet again, Mr Bond!

Frau
['frau] *n*
Mrs, Ms

Ich gratuliere zum Gewinn
des Schönheitswettbewerbs
Frau Fu.

*Congratulations on winning
the beauty contest, Mrs Fu.*

The formerly common courtesy title *Fräulein* to address an unmarried woman is outdated in modern German, similar to the English "Miss".

sich kümmern um
[zɪç 'kʏmen 'ʊm] *v*
to care about

Sie **kümmern** sich sehr **um**
Oma, sie besuchen sie
mindestens einmal im Jahr.

*They care about grandma
so much, they visit her
at least once a year.*

untreu
['ʊntrɔy] *adj*
unfaithful

Bei mir wird garantiert
jede Frau untreu ...

*No woman could fail to
be unfaithful with me...*

treu
[trɔy] *adj*
faithful

Herrchen, wirst du mir immer
treu bleiben?

*Will you always be faithful
to me, master?*

hassen
['hasən] v
to hate

Ich **hasse** Kürbissuppe zum
Frühstück

*I hate pumpkin soup
for breakfast.*

der Hass
[has] n
the hatred

Hass geht oft mit Dummheit
einher.

*Hatred often goes hand
in hand with stupidity.*

(sich) trennen
[(zıç) 'trɛnən] v
to separate

Vielleicht sollten wir uns
trennen …

Perhaps we should separate…

die Witwe
['vɪtvə] n
the widow

So jung und schon Witwe!

So young and already a widow!

der Witwer
['vɪtve] n
the widower

Ich wollte, ich könnte den alten
Witwer ein wenig aufheitern.

*I wished I could do something to
cheer the old widower up a bit.*

sich scheiden lassen
[zıç 'ʃaɪdən 'lasən] v
to get divorced

Seit ich **mich habe scheiden
lassen**, schlafen die Kinder
wieder ruhig.

*The kids have been
sleeping better since
I got divorced.*

der **Freund,**
die **Freundin**
[frɔynt], [ˈfrɔʏndɪn] *n*
the friend

Nachdem alle meine Freunde
von Bord waren, hatte ich
das Boot endlich für mich.

*Once all my friends had
jumped overboard, I finally
had the boat to myself.*

der/die **Bekannte**
[bəˈkantə] *n*
the acquaintance

Leider ist sie nur eine
flüchtige Bekannte.

*Sadly, she is just a casual
acquaintance.*

die **Freundschaft**
[ˈfrɔyntʃaft] *n*
the friendship

Erwin und Karl-Heinz verbindet
eine tiefe Freundschaft.

*Erwin and Karl-Heinz share
a close friendship.*

freundlich
[ˈfrɔʏntlɪç] *adj*
friendly

Wir lächelten alle recht
freundlich.

We all gave a friendly smile.

68

PERSONAL PRONOUNS

ich	du	Sie
[ıç] pron	[du:] pron	[zi:] pron
I	you	you
er	sie	es
[ER] pron	[zi:] pron	[ES] pron
he	she	it
wir	ihr	sie
[vi:ə] pron	[i:ə] pron	[zi:] pron
we	you	they

persönlich
[pɛr'zøːnlıç] adj
personal

Heute möchte ich dir einen persönlichen Brief schreiben.

Today, I'd like to write you a personal letter.

die Leute
['lɔytə] n
people

So viele Leute ... Lass uns nach Hause gehen.

There are so many people... Let's go home.

der Einwohner, die Einwohnerin
['aınvoːne], ['aınvoːnərın] n
the inhabitant

Nur einer der zehn Millionen Einwohner der Stadt.

Just one of the city's ten million inhabitants.

der Nachbar, die Nachbarin
['naxbaːe], ['naxbarın] n
the neighbour

Hast du den neuen Grill vom Nachbarn gesehen?

Have you seen the neighbour's new barbecue?

der Kerl
[kɛrl] n
the guy

Leg dich mit dem Kerl lieber nicht an!

I wouldn't pick a fight with that guy if I were you!

zusammen
[tsu'zamən] adv
together

Wir spielen zusammen, aber immer nur „La Cucaracha".

We play together but only "La Cucaracha".

treffen
['trɛfən] v
to meet

Auch aus Köln? Und dann treffen wir uns hier in Sydney?

You're also from Cologne? Fancy us meeting here in Sydney!

das **Treffen**
[trɛfən] *n*
the gathering

An das **Treffen** habe ich gar keine Erinnerung mehr.

I have absolutely no recollection of the gathering.

die **Versammlung**
[fɛɐˈzamlʊŋ] *n*
the meeting

Ich begrüße Sie zur ordentlichen **Versammlung** des Kaninchen-züchter-Vereins.

Welcome to the regular meeting of the Rabbit Breeders Society.

einladen
[ˈaɪnlaːdən] *n*
to invite

Sara **lädt** schon wieder Hinz und Kunz **ein**.

Sara isn't fussy about who she invites over.

besuchen
[bəˈzuːxən] *v*
to visit

Dreimal die Woche **besuche** ich meinen Eduard.

I visit my Eduard three times a week.

der **Gast**
[gast] *n*
the guest

Die **Gäste** waren mehr als peinlich!

The guests were so embarrassing!

POSSESSIVE PRONOUNS

mein	**dein**	**Ihr**
[maɪn] *pron*	[daɪn]	[iːɐ]
my, mine	*pron* your	*pron* your
sein	**ihr**	**unser**
[zaɪn] *pron*	[iːɐ] *pron*	[ˈʊnzɐ] *pron*
his; its	her(s)	our
euer	**ihr**	
[ˈɔyɐ] *pron*	[iːɐ] *pron*	
your	their	

IN CONVERSATION

das **Gespräch**
[ɡəˈʃprɛːç] *n*
the conversation

Das Gespräch war nett –
bis Julia Herbert erwähnte.

*We were having a perfectly nice
conversation until Julia menti-
oned Herbert.*

erzählen
[ɛɛˈtsɛːlən] *v*
to tell

sagen
[zaːɡən] *v*
to say

Die Krähe **erzählte** von
ihrem Film mit Hitchcock.
Die Kuh **sagte** nichts.

*The crow was telling
the story of when it was
in Hitchcock's film.
The cow said nothing.*

die **Rede**
[ˈreːdə] *n*
the speech

Wenn du die Rede erst begon-
nen hast, legt sich die Angst.

*Once you've started the speech,
your nerves will vanish.*

nennen
[ˈnɛnən] *v*
to call

Nenn mich nicht Idiot und ruf
mich nie wieder an!

*Don't call me an idiot and
never call me again!*

heißen
[ˈhaɪsən] *v*
to be called

Sie **heißt** Rosie und will
nur spielen.

*She is called Rosie and she
just wants to play.*

still
[ʃtɪl] *adj*
quiet

Es war ein bisschen zu
still am Wasser...

*It was a bit too quiet
down by the water...*

ruhig
[ʀuːɪç] *adj*
calm

Lazio Rom hatte verloren, aber
Antonio blieb erstaunlich ruhig.

*Although Lazio had lost,
Antonio stayed incredibly calm.*

Die Stille im Kinderzimmer ist einfach herrlich… aber wir müssen leise sein, sonst wecken wir sie auf!

die Stille
['ʃtɪlə] *n*
the silence

leise sein
['laɪzə zaɪn] *v*
to be quiet

The silence in the children's room is wonderful… but we need to be quiet or we'll wake them up!

der Name
['naːmə] *n*
the name

Wie war doch gleich der Name von diesem Komiker?

What was that comic actor's name again?

Hallo!
[haˈloː] *interj*
Hello!, Hi!

Hallo, sagte er schüchtern.
Hello, he said shyly.

der Nachname
['naːxnamə] *n*
the last name

Sehr erfreut! Ist Wang Ihr Vor- oder Ihr Nachname?

Pleased to meet you! Is Wang your first name or your last name?

der Vorname
['foːɐnamə] *n*
the first name

Schreiben Sie alle Vornamen in das dafür vorgesehene Feld.

Write down all your first names in the appropriate box.

Willkommen!
[vɪlˈkɔmən] *interj*
Welcome!

Willkommen in unserer bescheidenen Nudelsuppenbude!

Welcome to our humble little noodle soup joint!

Sehr erfreut!
['zeːɐ ɛɐ'frɔyt] *phrase*
Nice to meet you!

Sehr erfreut!
Ich bin Herr Fischer.

Nice to meet you!
I'm Mr Fisher.

Gute Nacht!
[guːtə 'naxt] *interj*
Good night!

Gute Nacht, Mama und Papa.
Und habt keine Angst, ich bin
ja da.

Good night, Mummy and
Daddy. And don't be afraid,
I'll be here if you need me.

Bis dann!
Bis gleich!
[bɪs 'dan], [bɪs 'glaɪç] *interj*
See you!

Bis dann! Und bring den Hub-
schrauber rechtzeitig zurück!

See you! And make sure
you bring the helicopter back
on time!

Guten Morgen!
[guːtən 'mɔʀgən] *interj*
Good morning

Guten Tag
[guːtən 'taːk] *interj*
Good afternoon!

Guten Abend!
[guːtən 'aːbənt] *interj*
Good evening!

Auf Wiedersehen!
[auf 'viːdeːzeːən] *interj*
Goodbye!!

die **Frage**

['fra:gə] *n*

the question

Sein oder nicht sein, das ist hier die Frage.

To be or not to be, that is the question.

Wie bitte?

['vi: 'bɪtə] *interj*

Pardon?

Wie bitte? Ich denke, die Leitung ist gestört.

Pardon? I think it must be a bad line..

fragen

[fʀa:gən] *v*

to ask

Darf ich Sie noch etwas **fragen**? Was machen Sie nach dem Unterricht?

Can I ask you something else? What are you doing after class?

bitten

['bɪtən] *v*

to request, to ask

She's asking for the protection of her ancestors.

Sie bittet um den Schutz ihrer Ahnen.

die **Antwort**

['antvɔrt] *n*

the answer

Ich weiß die **Antwort**!

I know the answer!

oder

['o:de] *conj*

or

Hey, hör mal — sie **oder** ich!

Hey, listen up, it's me or her!

antworten

['antvɔrtən] *n*

to answer

Hansi **antwortet** auf jede Frage, aber immer das Gleiche.

Hansi answers any question, but he always says the same thing.

noch einmal
[nɔx 'aɪnmaːl] *adv*
again

Spiel's noch einmal, Sam.
Aber diesmal im Rhythmus.

Play it again, Sam.
But stay in time this time.

und
[ʊnt] *conj*
and

Herr Pfeffer **und** Frau Salz
waren sich auf Anhieb
sympathisch.

Mr Pepper and Mrs Salt hit
it off right away.

ja
[jaː] *adv*
yes

Ja, ich will – hättest du dir ja
denken können, bei dem Kleid.

Yes, I do – what else am I going
to say to you in a dress like that! .

nicht
[nɪçt] *adv*
not

Ich habe das nicht
bestellt, und ich
finde das absolut
nicht komisch.

I did not order it and
I certainly don't think
it's funny.

nein
[naɪn] *adv*
no

Alles, was du sagen kannst,
ist immer nur nein!

All you ever say is no!

Na klar!
[naˈklaːɐ] *interj*
Sure!

Na klar! Bis morgen ist Ihr
Auto fertig.

Sure! Your car will be ready
by tomorrow.

Danke... so eine schöne Lupe!

Danke (schön)!
['daŋkə (ʃøːn)] *interj*
Thank you!

Thank you... what a lovely magnifying glass!

Keine Ursache! Und wenn du sie mal nicht brauchst, kann ich sie mir ausleihen...?

Keine Ursache!
['kaɪnə 'uːɐzaxə] *interj*
You're welcome!

You're welcome! And can I borrow it if you don't need it...?

bitte
['bɪtə] *interj*
please

Noch einen Wodka **bitte**.

Another vodka, please.

wollen
['vɔlən] *v*
to want

Papa, ich **will** ein Pony. Biiiiiiitteeeee!

I want a pony, Dad. Pleeeease!

fordern, verlangen
['fɔrden], [fɛɐ'laŋən] *v*
to demand

Wir **fordern** mehr Zeit fürs Demonstrieren.

We demand more time for demonstrations.

versprechen
[fɛɐ'ʃprɛçən] *v*
to promise

Ich **verspreche** dir, morgen kaufe ich ein neues Auto.

I promise you I'll buy a new car tomorrow.

die Erlaubnis
[ɛɐ'laupnɪs] *n*
the permission

Die Erlaubnis zum Betreten der Damentoilette wurde erteilt.

Permission was granted to enter the ladies' toilet.

der Befehl
[bə'feːl] *n*
the orderl

Über meine Befehle wird nicht diskutiert!

My orders are not up for discussion!

dürfen
['dʏrfən] *v*
to be allowed to

Im Sommer **darf** ich endlich wieder trinken UND rauchen..

In the summer, I'm finally allowed to drink AND smoke again.

erlauben
[ɛɐ'laubən] *v*
to allow

Meine Lieblinge **erlauben** mir ab und zu, mich zu ihnen zu setzen.

Sometimes my little darlings allow me to sit with them.

die Forderung
['fɔrdərʊŋ] *n*
the demand

befehlen
[bə'feːlən] *v*
to order

das Versprechen
[fɛɐ'ʃprɛçən] *n*
the promise

verbieten
[fɛɐ'biːtən] *v*
to prohibit

Ein paar Dinge muss man eben **verbieten**.

There are some things you need to prohibit.

das Verbot
[fɛɐ'boːt] *n*
the ban

Ein Verbot ist für Karl nur ein zusätzlicher Anreiz

For Karl, a ban is just an added incentive.

die Meinung
['maɪnʊŋ], ['anzɪçt] *n*
the opinion

Dazu hab' ich absolut keine Meinung...

I have no opinion at all on the matter...

ausdrücken
['ausdrʏkən] *v*
to express

Musik ist meine Art, mich **auszudrücken**.

Music is my way of expressing mysel

meinen
['maɪnən] *v*
to mean

Meinen Sie mich?

Do you mean me??

annehmen, vermuten
['anne:mən], [fɛɐ'mu:tən] *v*
to suppose

Ich nehme an, Sie schreiben Ihrem Ex-Mann...

I suppose you're writing to your ex...

raten
['ra:tən] *v*
to advise

Ich kann Ihnen nur **raten**, Ihre Berater zu wechseln.

I can only advise you to change your advisors.

überzeugen
[y:bɛ'tsɔygən] *v*
to convince

Madame, Sie können wirklich **überzeugen**!

Madam, you certainly know how to convince people!

scheinen
['ʃaɪnən] *v*
to seem

Als ich klein war, **schien** alles unendlich groß zu sein.

When I was little, everything seemed incredibly big.

verschieden
[fɛɐ'ʃiːdən] *adj*
different

gleich
[glaɪç] *adj*
equal

Verschiedene Farben,
gleiches Gewicht..

*Different colours,
equal weight.*

tolerieren
[toleˈriːrən] *v*
to tolerate

Wir **tolerieren** bei uns auch
schwarze Schafe.

*We tolerate black
sheep, too.*

empfehlen
[ɛmˈpfeːlən] *v*
to recommend

Tadschikistan im Frühling kann
ich wirklich **empfehlen**.

*I can really recommend
Tajikistan in spring.*

vorschlagen
[ˈfoːɐʃlaːgən] *v*
to suggest

Eigentlich müsste ich Ihnen
ein anderes Restaurant
vorschlagen.

*I really ought to suggest
a different restaurant.*

zustimmen
[ˈtsuːʃtɪmən] *v*
to agree

Wenn alle **zustimmen**, bekommt
ihr von mir auch ein „Like".

*If everyone agrees, then I'll
like you, too.*

vorziehen
[ˈfoːɐtsiːən] *v*
to prefer

Ich würde blau **vorziehen**,
aber beim Bayern-Spiel
geht das nicht.

*I prefer the blue, but I can't
wear that to a Bayern Munich
match.*

das Gegenteil
[ˈgeːgəntaɪl] *n*
the opposite

Ist Tradition wirklich das
Gegenteil von Moderne?

*Is tradition really the opposite
of modernity?*

OK,
ich hatte **unrecht**.
Das ist nicht
dein Stil.

unrecht haben
[ˈʊnrɛçt ˈhaːbən] *v*
to be wrong

*OK, I was wrong.
It isn't your style.*

recht haben
[ˈrɛçt haːbən] *v*
to be right

Du hast **recht**: Es waren
die Deutschen!

*You are right. It was
the Germans!*

der Grund
[grʊnt] *n*
the reason

Ich brauche einen neuen Sessel;
der **Grund** – ist mein Hund!

*I need a new chair.
The reason – my dog!*

der Unterschied
[ˈʊntɐʃiːt] *n*
the difference

die Empfehlung
[ɛmˈpfeːlʊŋ] *n*
the recommendation

der Vorschlag
[ˈfoːɐʃlaːk] *n*
the suggestion

die Einigung
[ˈaɪnɪgʊŋ] *n*
the agreement

helfen
['hɛlfən] v
to help

Vielleicht könntest du auch ein bisschen **helfen**!

Perhaps you could help a bit, too!

offensichtlich
[ɔfən'zɪçtlɪç] adj
obvious

Du magst Schoko aufs Brot, das ist offensichtlich!

It's obvious you like chocolate spread on your bread!

In Ordnung!
[ɪn 'ɔrdnʊŋ] interj
All right!

Darf's ein bisschen mehr Melone sein? – **In Ordnung**!

A bit more melon? – All right!

nützlich
['nʏtslɪç] adj
useful

So ein kleiner Schirm kann in vielerlei Weise nützlich sein.

A small umbrella like this can be useful in so many different ways.

klar
[klaːɐ] adj
clear

Jetzt ist die Sache klar.

Everything is clear now.

die Unterstützung
[ʊntɐ'ʃtʏtsʊŋ] n
the support

Danke für deine Unterstützung.

Thanks for your support.

der Gefallen
[gə'falən] *n*
the favour

Tust du mir den Gefallen und schmierst mir den Rücken ein?

Will you do me a favour and put some suntan lotion on my back?

genau
[gə'nau] *adv*
exactly

Tu genau, was ich dir sage, dann triffst du ins Gelbe.

Do exactly what I say and you'll hit the bullseye.

wichtig
['vɪçtɪç] *adj*
importan

Du sagst, der Helm ist wichtig, Mama, aber selber trägst du keinen.

You say the helmet's important, Mum, but you're not wearing one yourself.

das heißt
[das 'haɪst] *phrase*
that is to say

Es gibt also neue Strukturen, **das heißt**: Großraumbüros für alle.

We are restructuring, that is to say there will be open-plan offices for everyone

zum Beispiel
[tsʊm 'baɪʃpiːl] *phrase*
for example

Diese Szene **zum Beispiel** wirkt total künstlich.

This scene, for example, is totally artificial.

kritisieren
[kriti'ziːrən] *v*
to criticize

Genau hinzusehen bedeutet nicht gleich zu **kritisieren**.

Taking a careful look at something doesn't necessarily mean you have to criticize it.

zwecklos, nutzlos
['tsvɛkloːs], ['nʊtsloːs] *adj*
useless

Es ist zwecklos zu warten. Heute kommt kein Zug mehr.

It's useless waiting. There won't be any more trains today.

die Hilfe
['hɪlfə] *n*
the help

unterstützen
[ʊntɐ'ʃtʏtsən] *v*
to support

die Kritik
[kri'tiːk] *n*
the criticism

der Kritiker, die Kritikerin
['kriːtikɐ], ['kriːtikərɪn] *n*
the critic

gegen
['ge:gən] *prep*
against

Ich hab' was **gegen** Mücken!

I've got something against mosquitoes!!

sauer, ärgerlich
['zaue], ['ɛrgeliç] *adj*
annoyed, upset

Bei jeder Kleinigkeit wirst du gleich sauer.

You always get annoyed at the slightest thing.

die Wut
[vu:t] *n*
the rage

Er wirkte stolz und schön in seiner Wut.

His rage made him look proud and beautiful.

sich aufregen
[zɪç 'aufre:gən] *v*
to get upset

Bitte, **regen** Sie sich nicht **auf**, ich weiß es einfach nicht.

Please don't get upset, I just don't know.

(sich) streiten
[(zɪç) 'ʃtraitən] *v*
to argue, to fight

Lass uns nicht **streiten**, die Blumen waren teuer.

Let's not argue, the flowers were expensive

wütend
['vy:tənt] *adj*
angry

Wenn Harry **wütend** wird, bekommt er, was er will.

When Harry gets angry, he always gets his way.

stören
['ʃtø:rən] *v*
to disturb

Bitte nicht **stören**!

Do not disturb!

der Ärger
['ɛrge] *n*
the trouble

Immer macht mir die Dreckskarre Ärger.

This pile of junk is always giving me trouble.

weil
[vaɪl] *conj*
because

Weil du schon wieder keine Socken anhast, wirst du gekitzelt.

You're going to get tickled because you haven't got your socks on again.

wenn
[vɛn] *conj*
if

Wenn du etwas höher gesprungen wärst, hättest du ihn gekriegt.

You'd have caught it if you'd jumped a bit higher.

um ... zu, damit
[ʊm ... tsuː], [daˈmɪt] *conj*
(in order) to

Um auszusteigen, musst du den Knopf drücken.

To get out, you need to press the button.

der **Streit**,
die **Auseinandersetzung**
[ʃtraɪt], [ausǀaɪˈnandezɛtsʊŋ] *n*
the argument

Das ist eine **Auseinandersetzung** unter Männern.

This is an argument between men.

Möchten Sie ...?
['mœçtən zi: ...|] *phrase*
Would you like to...?

Wie geht es Ihnen?;
Wie geht es dir?
[vi: geːt ɛs iːnən],
[vi: 'geːt ɛs diːe] *phrase*
How are you ?

Danke, gut
['daŋkə, 'guːt] *phrase*
Fine,
thank you.

Herein!
[hɛ'raɪn] *interj*
Come in!

Bedien dich!
[bə'diːn dɪç] *phrase*
Please, help yourself!

Ja, gern.
['ja: 'gɛrn] *phrase*
Yes, please.

Entschuldigung!
[ɛnt'ʃʊldɪgʊŋ] *phrase*
I'm sorry!

Was ist los?
['vas ɪst 'loːs] *phrase*
What's the matter?

Wie geht's?
[vi: 'geːts] *phrase*
How are you doing?

Ich hoffe es.
ıç 'hɔfə ɛs] *phrase*
I hope so.

Hoffentlich nicht.
['hɔfəntlıç 'nıçt] *phrase*
I hope not

Sie wünschen?
[zi: 'vvnʃən] *phrase*
Can I help you?

Alles klar.
['aləs 'kla:ɐ] *phrase*
All right.

Hier, bitte schön.
['hi:ɐ, 'bıtə ʃø:n] *phrase*
Here you are.

Das ist mir egal.
[das ıst mi:ɐ e'ga:l] *phrase*
I don't mind.

Das ist mir egal, ich wollte sowieso einen neuen Wagen kaufen.

I don't mind, I was going to buy a new car anyway.

Das macht nichts.
[das 'maxt nɪçts] *phrase*
That doesn't matter.

Das macht nichts, ich bin ja Rechtshänder.

It doesn't matter, I'm right-handed

Nehmen Sie bitte Platz.
['ne:mən zi: 'bɪtə 'plats] *phrase*
Have a seat, please.

Nehmen Sie bitte Platz, meine Frau kommt auch gleich.

Have a seat, please, my wife will be here any minute.

Keine Sorge!
['kaɪnə 'zɔrgə] *phrase*
Don't worry!

Keine Sorge, ich bin erst zweimal runtergefallen.

Don't worry, I've only fallen off twice before

Könnten Sie ...?
['kœntən zi: ...] *phrase*
Could you...?

Könnten Sie vielleicht ein bisschen kräftiger schieben?

Could you try pushing a bit harder?

Vorsicht!
['fo:ezɪçt] *phrase*
Look out

Vorsicht! Der Taucher hat eine Harpune.

Look out, the diver's got a harpoon.

Würdest du bitte ...?
['vʏrdəst du: 'bɪtə ...] *phrase*
Would you please...?

Würdest du bitte das Fenster zumachen?

Would you please close the window?

Lasst uns ...
['last ʊns ...] *phrase*
Let's...

Lasst uns mit dem 2. Satz weitermachen.

Let's continue with the 2nd movement.

der **Staat**
[ʃtaːt] *n*
the state

Jeder Staat braucht seine eigene Flagge.

Every state needs its own flag.

der **Ausländer,**
die **Ausländerin**
['auslɛndɐ], ['auslɛndərɪn] *n*
the foreigner

Ausländer auf der Suche
nach wilden Tieren.
*Foreigners looking for
wild animals.*

das **Land**
[lant] *n*
the land, the country

In diesem Land lebten schon
vor über 1500 Jahren Menschen.
*People already lived in this country
more than 1,500 years ago.*

international
[ɪntɛnatsjo'naːl] *adj*
international

Wir müssen Sie über eine inter-
nationale Verbindung umleiten.
*We're going to have to re-route
you on an international flight.*

national, National-
[natsjo'naːl] *adj*
national

Wenn die Nationalelf spielt,
kann ich sehr laut werden.
*I can be very noisy when the
national team is playing.*

die **Fahne**
['faːnə] *n*
the flag

Die vielen kleinen Fahnen
begrüßen flatternd die Gäste.
*Guests are greeted by lots of
little flags fluttering in the
breeze.*

die **Grenze**
['ɡʀɛntsə] *n*
the border

Gegen den Ansturm der Barbaren
wurde eine Grenze errichtet.
*A border was built to ward off
the attacks of the barbarians.*

die **Nation**
[na'tsjoːn] *n*
the nation

die **Nationalität**
[natsjonali'tɛːt] *n*
the nationality

ausländisch
['auslɛndɪʃ] *adj*
foreign

staatlich
['ʃtaːtlɪç] *adj*
state

die Regierung
[reˈgiːrʊŋ] *n*
the government

Die Regierung hat enge
Verbindungen zur Kirche.
*The government has close
links to the Church.*

der Präsident,
die Präsidentin
[prezi'dɛnt], [prezi'dɛntɪn] *n*
the president

Präsidenten mit versteinerter
Miene.
Stony-faced presidents.

das Parlament
[parla'mɛnt] *n*
the parliament

Das Parlament war bei der
Abstimmung nicht vollzählig.
*Not every member of
parliament turned out for
the vote.*

die Opposition
[ɔpoziˈtsjoːn] *n*
the opposition

Die Opposition bleibt stand-
haft!
*The opposition is refusing
to budge!*

demokratisch
[demoˈkraːtɪʃ] *adj*
democratic

Lassen Sie uns das auf demo-
kratische Weise entscheiden.
*Let's decide in a democratic
manner.*

*Head of government in
Germany and Austria
is the Bundeskanzler
(Federal Chancellor).
The Bundespräsident
(Federal President),
officially head of state,
has a more represen-
tative function.*

der Minister,
die Ministerin
[miˈnɪstɐ], [miˈnɪstərɪn] *n*
the minister

45 Jahre in der Politik und
erst jetzt endlich Minister.
*A minister at last, after
45 years in politics.*

die **Partei**
[par'taɪ] *n*
the party

Die **Partei** feierte eine
rauschende Party.

*The party threw
a massive party.*

die **Macht**
[maxt] *n*
the power, the force

Auch ohne sein Lichtschwert übt
er große **Macht** aus.

*He still wields great power, even
without his lightsabre.*

die **Politik**
[poli'ti:k] *n*
politics

Von **Politik** hab ich keine
Ahnung.

*I haven't got a clue about
politics.*

die **Botschaft**
['bo:tʃaft] *n*
the embassy

Die **Botschaft** heißt ihre
Besucher willkommen.

*The embassy welcomes
visitors.*

regieren
[re'gi:rən] *v*
to govern

herrschen
['hɛrʃən] *v*
to rule, to
reign

die
Demokratie
[demokra'ti:] *n*
the democracy

mächtig
['mɛçtɪç] *adj*
powerful

der/die
Abgeordnete
['apgəʔɔrdnətə] *n*
the Member
of Parliament

politisch
[po'li:tɪʃ] *adj*
political

das
Konsulat
[kɔnzu'la:t] *n*
the
consulate

die
Bevölkerung
[bə'fœlkərʊŋ] *n*
the
population

unterdrücken
[ʊntɐˈdʀʏkən] v
to suppress

Sie versuchte vergeblich, das Niesen zu **unterdrücken**.

She tried in vain to suppress the sneeze.

der Diktator
[dɪkˈtaːtoːɐ] n
the dictator

Dieser **Diktator** ist ein Witz.

This dictator is a joke..

beeinflussen
[bəˈʔaɪnflʊsən] v
to influence

Herr Dr. Schmidt weiß, wie man Entscheidungen **beeinflusst**.

Dr Schmidt knows how to influence decisions.

unterschreiben
[ʊntɐˈʃʀaɪbən] v
to sign

Sie achtete überhaupt nicht darauf, was sie **unterschrieb**.

She didn't even look at what she was signing.

das Formular
[fɔrmuˈlaːɐ] n
the form

Vor der Behandlung müssen Sie erst alle **Formulare** ausfüllen.

You have to fill all the forms out before you receive treatment.

amtlich, offiziell
[ˈamtlɪç], [ɔfiˈtsjɛl] adj
official

Jetzt ist es **amtlich**: Die Krankenschwester erbt alles.

It's official now. The nurse inherits everything

die Verwaltung
[fɛɐˈvaltʊŋ] n
the administration

Die **Verwaltung** muss deutlich effizienter werden.

The administration needs to be much more efficient.

die **Krone**
['kroːnə] n
the crown

Diese Krone ist zu groß für Sie, Herr Vorsitzender.

This crown is too big for you, Your Honour.

die **Geschichte**
[gə'ʃɪçtə] n
the history

Im Lauf der Geschichte hat die griechische Kultur ein wenig abgebaut..

Greek culture has declined a bit over the course of history.

die **Königin**
['køːnɪgɪn] n
the queen

Die Königin war sehr erfreut.
The queen was very amused.

der **König**
['køːnɪç] n
the king

Die Könige glaubten schon, sich verirrt zu haben.

The kings thought they must have come to the wrong place.

sicher
['zɪçɐ] adj
safe

Dein Geld ist bei mir sicher.
Your money is safe with me.

der **Kaiser**
['kaɪzɐ] n
the emperor

die **Kaiserin**
['kaɪzərɪn] n
the empress

die **Monarchie**
[monar'çiː] n
the monarchy

das **Königreich**
['køːnɪgraɪç] n
the kingdom

> Ich fühle mich wie Cäsar, nachdem er Gallien erobert hatte.

erobern
[ɛeˈ|oːben] *v*
to conquer

I feel like Caesar when he conquered the Gauls.

der **Krieg**
[kriːk] *n*
the war

der **Soldat**, die **Soldatin**
[zɔlˈdaːt], [zɔlˈdaːtɪn] *n*
the soldier

die **Armee**
[arˈmeː] *n*
the army

Eine Armee aus Terrakotta bewachte das Grab des Kaisers.

A terracotta army guarded the emperor's grave.

die **Marine**
[maˈriːnə] *n*
the navy

Die Marine der Schweiz hat jetzt auch ein U-Boot.

The Swiss navy now has its very own submarine.

die **Luftwaffe**
[ˈlʊftvafə] *n*
the air force

Die Luftwaffe freut sich über jeden neuen Bewerber.

The air force welcomes all new applicants.

der Feind, die Feindin
[faɪnt], ['faɪndɪn] *n*
the enemy

Für manchen Sportler wird der Gegner zum Feind.

For some sportsmen, their opponents become their enemies.

kämpfen
['kɛmpfən] *v*
to fight

Hört sofort auf zu **kämpfen**!

Stop fighting at once!!

der Konflikt
[kɔn'flɪkt] *n*
the conflict

Solange keiner nachgibt, bleibt der Konflikt unlösbar.

It will be impossible to solve the conflict if nobody budges.

der Terrorist, die Terroristin
[tɛro'rɪst], [tɛro'rɪstɪn] *n*
the terrorist

Sie behandeln mich, als wäre ich eine Terroristin!

You're treating me as if I was a terrorist!

bewaffnet
[bə'vafnət] *adj*
armed

Vorsicht, er ist bewaffnet!

Be careful, he's armed!

die Waffe
['vafə] *n*
the weapon

David interessierte sich schon als kleiner Junge für Waffen.

David was interested in weapons from when he was a small boy.

schießen
['ʃiːsən] *v*
to shoot

Wenn ich **schieße**, lachen sich die Enten tot.

When I shoot, the ducks die of laughter.

friedlich
['friːtlɪç] *adj*
peaceful

Solange ich ihr meine Gitarre ließ, blieb sie friedlich.

She stayed peaceful as long as I let her have my guitar.

der Frieden
['friːdən] *n*
the peace

Man muss den Frieden festhalten – mit aller Gewalt.

We need to hold onto peace – as forcefully as possible.

SOCIETY & THE LAW

die **Gesellschaft**
[gəˈzɛlʃaft] *n*
the society

Du musst deinen Platz in der **Gesellschaft** finden – ganz ohne GPS und Navi.

You need to find your own place in society – without any satnavs or GPS devices.

die Öffentlichkeit
['œfəntlıçkaıt] *n*
the public

Wer in der Öffentlichkeit steht, muss mit Beobachtung rechnen.

If you're in the public eye, you should expect to be watched.

privat, Privat-
[pri'va:t] *adj*
private

Im Privatjet fliegt sich's einfach am angenehmsten.

Flying is so much more fun in a private jet.

arm
['aʀm] *adj*
poor

Wer arm ist, kann trotzdem seine Würde bewahren.

Being poor doesn't mean you can't keep your dignity.

reich
[ʀaıç] *adj*
rich

Wir sind reich, wir sind schön – sonst noch Fragen?

We're rich, we're beautiful – anything else you need to know?

der Mangel
['maŋəl] *n*
the lack

In einem Privatjet hätte ich jetzt keinen Platzmangel.

There would be no lack of legroom if I was in a private jet.

das Elend
['e:lɛnt] *n*
the misery

Das Elend dieses armen Hundes mag man sich kaum vorstellen.

We can only imagine the misery the poor dog felt.

öffentlich
['œfəntlıç] *adj*
public

sozial, gesellschaftlich
[zo'tsia:l], [gə'zɛlʃaftlıç] *adj*
social

der Reichtum
['ʀaıçtu:m] *n*
the wealth

die Armut
['armu:t] *n*
the poverty

die **Religion**
[reli'gio:n] *n*
the religion

Religion ist der Glaube an eine Macht, die über dem Menschen steht.

Religion is the belief in a higher power.

der **Gott**
[gɔt] *n*
the god

Ägyptens Herrscher wurden auch als Götter verehrt.

Egypt's rulers were also revered as gods.

The plural of *Gott* is *Götter* (gods), the feminine form is *Göttin* (goddess).

beten
['be:tən] *v*
to pray

Sag nichts, bis er mit dem **Beten** fertig ist.

Don't say anything until he's finished praying.

der **Glaube**
['glaubə] *n*
the faith

Ihr Glaube hat sie bis nach Mekka gebracht.

Their faith has got them here to Mekka.

die **Freiheit**
['fraɪhaɪt] *n*
the freedom

Freiheit kann auch ganz schön anstrengend sein.

Freedom can also be quite hard work.

der **Atheist,**
die **Atheistin**
[ate'ɪst], [ate'ɪstɪn] *n*
the atheist

Ist dieser Mann wirklich ein Atheist?

Is this man really an atheist?

die **Gerechtigkeit**
[gə'rɛçtɪçkaɪt] *n*
the justice

Die Gerechtigkeit ist blind, aber sie lässt sich gerne vergolden.

Justice is blind, but it doesn't mind being gilded.

unschuldig
['ʊnʃʊldɪç] *adj*
innocent

So unschuldig sieht Jan nur aus, wenn er schläft.

Jan only looks this innocent when he's asleep.

schuldig
['ʃʊldɪç] *adj*
guilty

Nicht jeder, der im Gefängnis sitzt, muss auch schuldig sein.

Not everyone in jail is necessarily guilty.

moralisch
[mo'ra:lɪʃ] *adj*
moral

Ich habe geschworen, ein moralisches Leben zu führen.

I have sworn to live a moral life.

die **Existenz**
[ɛksɪs'tɛnts] *n*
the existence

existieren
[ɛksɪs'ti:rən] *v*
to exist

religiös
[reli'giø:s] *adj*
religious

die **Schuld**
[ʃʊlt] *n*
the guilt

frei
[fʀaɪ] *adj*
free

unmoralisch
['ʊnmoralɪʃ] *adj*
immoral

gerecht
[gə'rɛçt] *adj*
just

ungerecht
['ʊngərɛçt] *adj*
unjust

das **Gesetz**
[gə'zɛts] *n*
the law

Echt? Sie haben alle diese Gesetze auswendig gelernt?

Seriously? You learned all these laws off by heart?

das **Recht**
[rɛçt] *n*
the right

Meinungsfreiheit gehört zu den grundlegenden Menschenrechten.

Freedom of speech is a basic human right.

legal
[le'ga:l] *adj*
legal

Glaubst du wirklich, dass Sprayen hier legal ist?

Do you really think spray painting graffiti is legal here?

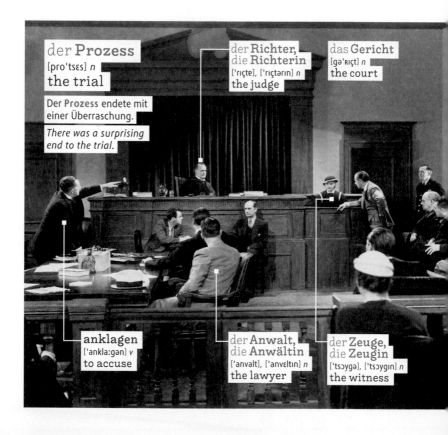

der **Prozess**
[pro'tsɛs] *n*
the trial

Der Prozess endete mit einer Überraschung.

There was a surprising end to the trial.

der **Richter**, die **Richterin**
['rıçtɐ], ['rıçtərın] *n*
the judge

das **Gericht**
[gə'rıçt] *n*
the court

anklagen
['ankla:gən] *v*
to accuse

der **Anwalt**, die **Anwältin**
['anvalt], ['anvɛltın] *n*
the lawyer

der **Zeuge**, die **Zeugin**
['tsɔygə], ['tsɔygın] *n*
the witness

das **Opfer**
['ɔpfɐ] *n*
the victim

Nie wieder Opfer! Morgen gehe
ich zum Taekwondo..

*No more being the victim! I'm
starting taekwondo tomorrow*

das **Verbrechen**
[fɛɐˈbrɛçən] *n*
the crime

Verbrechen ist unser Geschäft.
Crime is our business.

stehlen
['ʃteːlən] *v*
to steal

**Was heißt hier stehlen?
Wir haben Hunger!**

*What do you mean
stealing? We're hungry!*

die **Strafe**
['ʃtraːfə] *n*
the punishment

Ben fand seine Strafe furchtbar
ungerecht.

*Ben thought his punishment
terribly unfair.*

töten, umbringen
['tøːtən], ['ʊmbrɪŋən] *v*
to kill

Schau mal, Erika: Diese Mücke
habe ich selbst getötet.

*Erika, look, I killed this
mosquito all by myself.*

der **Diebstahl**
['diːpʃtaːl] *n*
the theft

der/die **Angeklagte**
['angəklaːktə] *n*
the accused

der **Mord**
[mɔrt] *n*
the murder

illegal
['ɪlegaːl] *adj*
illegal

die **Industrie**
[ɪndʊˈstriː] *n*
the industry

In der Industrie sind die
Arbeitsplätze rar geworden.

*Jobs in industry have
become scarce.*

die **Firma**
['fɪrma] *n*
the firm,
the company

Wir sind zwar klein, aber schon
eine richtige **Firma**.

*We may be small, but we're still
a proper company.*

die **Wirtschaft**
['vɪrtʃaft] *n*
the economy

Mit der **Wirtschaft** geht es
ständig auf und ab.

*The economy is up and down
like a yo-yo.*

die **Bank**
[baŋk] *n*
the bank

Die **Banken** haben in London
ein eigenes Viertel.

*In London, the banks have
their own district.*

sparen
['ʃpaːrən] *v*
to save

Auf einem Sparbuch zu sparen
kann ich mir **sparen**.

*I like to save myself the bother
of a savings account.*

wechseln
['vɛksəln] *v*
wechseln

Das kann doch nicht so schwer
sein: Ich würde gern alle meine
Münzen in Scheine **wechseln**.

*How hard can it be? I just want
to change all my coins into notes.*

die **Ware**
['vaːrə] *n*
the merchandise,
the goods

Das große Angebot an
Waren überfordert mich.

*I find the huge range of
goods overwhelming.*

die **Aktien-gesellschaft**
['aktsiəngəzɛlʃaft] *n*
the public limited
company,
the corporation

die **Nachfrage**
['naːxfraːgə] *n*
the demand

der **Umsatz**
['ʊmzats] *n*
the turnover

die **Versicherung**
[fɛɐ̯'zɪçərʊŋ] *n*
the insurance

Ich kann nur hoffen, dass die Versicherung zahlt.

I'll just have to hope that the insurance pays out.

die **Schulden**
['ʃʊldən] *n*
the debts

Frau und Hund auf und davon, geblieben sind nur die Schulden.

The wife and the dog have upped and left and all that's left are the debts.

das **Kleingeld**
['klaɪnɡɛlt] *n*
the change

Vielen Dank, das Kleingeld kann ich gut gebrauchen.

Thanks, the change will come in very handy.

das **Geld**
[ɡɛlt] *n*
the money

Ich finde Geld total unwichtig – solange ich eine Kreditkarte habe.

Money doesn't matter to me at all – as long as I have a credit card.

die **Kreditkarte**
[kreˈdiːtkartə] *n*
the credit card

die **Münze**
['mʏntsə] *n*
the coin

die **Banknote**
['baŋknoːtə] *n*
the banknote

der **Cent**
[sent] *n*
the cent

der **Euro**
['ɔyro] *n*
the euro

erhöhen, steigern
[ɛɐ̯ˈhøːən], [ˈʃtaɪɡen] *v*
to increase

Wir müssen die Geschwindigkeit **erhöhen**, sonst hängen wir hier fest.

We need to increase our speed or we'll get stuck here.

sich lohnen
[zɪç ˈloːnən] *v*
to be worthwhile

Hier **lohnt** sich eine Reparatur nicht mehr.

It's not worthwhile repairing this lot anymore.

importieren
[ɪmpɔrˈtiːrən] *v*
to import

All diese Früchte sind **importiert**.

All these fruits are imported.

die Bestellung
[bəˈʃtɛlʊŋ] *n*
the order

Die **Bestellung** beim schwerhörigen Kellner wurde kompliziert.

Giving our order to the hard-of-hearing waiter was quite tricky.

verringern, senken
[fɛɐ̯ˈrɪŋən], [ˈzɛŋkən] *v*
to reduce

Urplötzlich **verringerte** Graf Wumme sein Tempo.

All of a sudden, Count Wumme reduced his speed.

sinken, sich verringern
[ˈzɪŋkən], [zɪç fɛɐ̯ˈrɪŋən] *v*
to decrease

schulden
[ˈʃʊldən] *v*
to owe

exportieren
[ɛkspɔrˈtiːrən] *v*
to export

versichern
[fɛɐ̯ˈzɪçən] *v*
to insure

die **Landwirtschaft**
['lantvɪrtʃaft] *n*
the agriculture

So kann ich **Landwirtschaft** und
Fliegen miteinander verbinden.

*This way, I get to combine
agriculture and flying.*

pflanzen
['pflantsən] *v*
to plant

Gestern **gepflanzt**, heute gegossen – wo bleiben die Tomaten?

*I planted them yesterday and
watered them today, so where
are the tomatoes?*

fruchtbar
['frʊxtbaːɐ] *adj*
fertile

Wenn nur mein Pandabär auch
so **fruchtbar** wäre!

*I just wish my panda was
that fertile!*

landwirtschaftlich
['lantvɪrtʃaftlɪç] *adj*
agricultural

ernten
['ɛrntən] *v*
to harvest

die Methode
[me'toːdə] *n*
the method

die **Ernte**
['ɛrntə] *n*
the harvest

Die Ernte war dieses Jahr
besonders ertragreich.
Der Lohn dagegen weniger.

*The harvest was particularly
good this year, unlike the
wages.*

anbauen
['anbauən] *v*
to grow

Unsere Familie **baut** seit drei
Generationen Reis an.

*Our family has been growing
rice for three generations.*

die **Art und Weise**
[aːet ʊnt 'vaɪzə] *n*
the way

Deine Art und Weise, Dame zu
spielen, nervt mich kolossal.

*I find your way of playing
draughts incredibly annoying.*

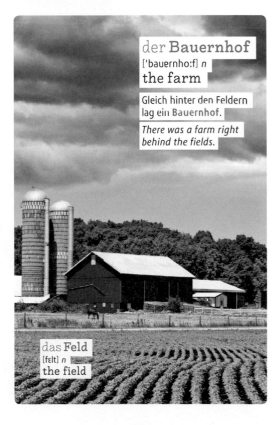

der **Bauernhof**
['bauɐnhoːf] *n*
the farm

Gleich hinter den Feldern
lag ein Bauernhof.

*There was a farm right
behind the fields.*

wie
[viː] *conj*
how

Weißt du wirklich, **wie** man
das repariert?

*Do you really know how
to repair it?*

das **Feld**
[fɛlt] *n*
the field

die Maschine, das Gerät
['maʃi:nə] [gə'rɛ:t] *n*
the machine

Die Maschine, die unser Leben wirklich verändert hat, ist die Waschmaschine.

The machine that has really changed our lives is the washing machine.

funktionieren
[fuŋktsjo'ni:ʀən] *v*
to work

Glaubst du wirklich, die **funktionieren** noch, Bärchen?

Do you really think they still work, sweetie?

elektrisch
[e'lɛktrɪʃ] *adj*
electric

Ich benutze jetzt nur noch deine **elektrische** Zahnbürste, Papa.

From now on I'll only be using your electric toothbrush, Daddy.

der Motor
['mo:to:ɐ] *n*
the motor, the engine

Elektromotoren treiben die Fertigungsstraße der Automotoren an.

The car engine production line is driven by electric motors.

erfinden
[ɛɐˈfɪndən] *v*
to invent

Ich habe ein Gerät **erfunden**,
das ihre Gedanken lesen kann.

*I've invented a machine that
can read her mind.*

entdecken
[ɛntˈdɛkən] *v*
to discover

Houston? Ich glaube, ich habe
hier Fußspuren **entdeckt** …

*Houston? Ich glaube, ich habe
hier Fußspuren entdeckt …*

die Kraft
[kraft] *n*
the power

Der Damm erzeugt Strom
aus der Kraft des Wassers.

*The dam generates
hydroelectric power.*

die Energie
[enɐrˈgiː] *n*
the energy

Wenn Wind weht, wird die Stadt
mit Energie versorgt.

*If it's windy, the city is supplied
with energy.*

das System
[zʏsˈteːm] *n*
the system

Ein gutes System kann man
erweitern.

A good system is expandable.

bauen
[ˈbauən] *v*
to build

Ich baue hier für die Ewigkeit.
This is built to last.

die Elektrizität
[elɛktritsiˈtɛːt] *n*
the electricity

die Entdeckung
[ɛntˈdɛkʊŋ] *n*
the discovery

die Erfindung
[ɛɐˈfɪndʊŋ] *n*
the invention

die Funktion
[fʊŋkˈtsjoːn] *n*
the function

das **Material**
[mate'ria:l] *n*
the material

Es gibt keinen Abfall, nur Material für Möglichkeiten.

There's no such thing as waste, just material for new opportunities.

das **Glas**
[gla:s] *n*
the glass

der **Kunststoff,**
das **Plastik**
['kʊnstʃtɔf], [plastɪk] *n*
the plastic

reparieren
[ʀepa'ʀi:ʀən] *v*
to repair

Wie lange man Autos wohl noch selbst **reparieren** kann?

How much longer will people still be able to repair cars themselves?

genau
[gə'nau] *adv*
precisely

Gleich sage ich dir, wie spät es genau ist.

Give me a second and I'll be able to tell you precisely what time it is.

dünn
[dʏn] *adj*
thin

dick
[dɪk] *adj*
thick

Meine Güte, entscheide dich: das **dicke** oder das **dünne** Seil?

Come on, make your mind up – do you want the thick rope or the thin one?

weich
[vaɪç] *adj*
soft

Sooo weich ist nur mein Teddybär.

Nothing's as soft as my teddy bear.

hart
[haʁt] *adv*
hard

Ich habe für die Verlobung hart gearbeitet.

I've worked hard for the engagement.

zerbrechlich
[tsɛɐ'bʁɛçlɪç] *adj*
fragile

Na sowas! Die sind zerbrechlich.

Gee! They're fragile!

schwer
[ʃveːɐ] *adj*
heavy

leicht
[laɪçt] *adj*
light

die **Werkstatt**
['vɛʁkʃtat] *n*
the workshop

Wann ziehen wir endlich in eine schicke Werkstatt um?

When will we finally be moving to a smart workshop?

glatt
[glat] *adj*
smooth

rau
[rau] *adj*
rough

das **Leder**
['leːdɐ] *n*
the leather

das **Leben**
[ˈleːbən] *n*
the life

Wo das **Leben** pulsiert, kommt
man sich zwangsweise näher.

*In a place thronging with life,
you can't help getting closer
to each other.*

EVERY-
DAY
LIFE

das **Haus**
[haus] *n*
the house

Die Leiter zum Haus ist gegen einen geringen Aufpreis erhältlich.

The ladder for the house is available at a small extra charge.

Words for different types of house include *Reihenhaus* (terraced house), *Hochhaus* (high rise) or *Wolkenkratzer* (skyscraper) and *Einfamilienhaus* (single-familiy house).

die **Adresse**
[a'drɛsə] n
the address

Zu dieser Adresse bring ich keine Briefe mehr.

I'm not delivering any letters to this address anymore.

der **Wohnort**
['voːn|ɔʁt] n
the (place of) residence

Wie gefällt dir die Aussicht an meinem neuen Wohnort?

How do you like the view from my new residence?

die **Hausnummer**
['hausnʊmɐ] n
the house number

Kannst du dich an Maggies Hausnummer erinnern?

Can you remember Maggie's house number?

zu **Hause**
[tsuː 'hauzə] adv
at home

Nur wenn die Katze im Haus ist, fühle ich mich zu Hause.

I only feel truly at home when the cat's in the house.

die **Etage**
[e'taːʒə] n
the floor

Ich glaube, es war die fünfte Etage, aber es gibt hier ja so viel Auswahl.

I think it was the fifth floor, but there are so many to choose from.

das **Erdgeschoss**
['eːɐtgəʃɔs] n
the ground floor

Wir leben im Erdgeschoss, damit Chrissi jederzeit raus kann.

We live on the ground floor so Chrissi can go out whenever she likes.

kommen **aus/von**
['kɔmən 'aus/'fɔn] v
to be from, to come from

Ich komme vom Planeten XQ6TL-038P#.

I'm from planet XQ6TL-038P#.

der Eingang
['aɪŋgaŋ] *n*
the entrance

der Ausgang
['ausgaŋ] *n*
the exit

Eine Drehtür ist Eingang und Ausgang zugleich.

A revolving door is both an entrance and an exit at the same time.

die **Tür**
['ty:ɐ] *n*
the door

Nur bei Vollmond ist jene Tür sichtbar.

You can only see that door by the light of a full moon.

mieten
['mi:tən] *v*
to hire, to rent

Die Hell's Angels haben heute diese Fahrräder **gemietet**. Das darf aber keiner wissen.

Don't tell anyone, but the Hell's Angels have hired these bikes today.

vermieten
[fɛɐ'mi:tən] *v*
to let

Ich **vermiete** mein Sofa an Touristen.

I let my sofa to tourists.

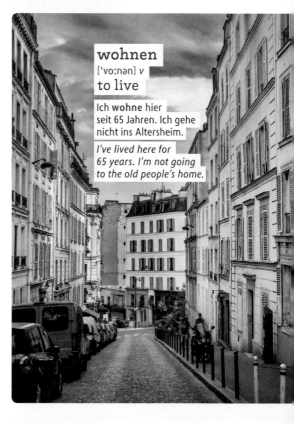

wohnen
['vo:nən] *v*
to live

Ich **wohne** hier seit 65 Jahren. Ich gehe nicht ins Altersheim.

I've lived here for 65 years. I'm not going to the old people's home.

das Tor
['to:ɐ] *n*
the gate

Dieses Tor soll nie wieder geschlossen werden.
This gate must never be closed again.

das Dach
[dax] *n*
the roof

Zumindest haben sie ein Dach über dem Kopf.
At least they have a roof over their heads.

der Aufzug
['aʊftsu:k] *n*
the lift,
the elevator

Lass uns die Treppe nehmen, der Aufzug ist mir zu teuer.
Let's use the stairs, the lift's too expensive for me.

das Zimmer, der Raum
['tsɪmɐ], [raʊm] *n*
the room

Sag mal, musst du das Rad immer mit aufs Zimmer nehmen?
Do you really always have to take your bike into your room with you?

das Gebäude
[ɡə'bɔʏdə] *n*
the building

der Wohnblock
['vo:nblɔk] *n*
the block

die Miete
['mi:tə] *n*
the rent

bleiben
['blaɪbən] *v*
to stay

klingeln
['klɪŋəln] v
to ring the bell

Klingeln Sie, Herr Kommissar, ich hole schon mal den Wagen.

You ring the bell, inspector, while I get the car.

öffnen, aufmachen
['œfnən], ['aufmaxən] v
to open

Frauchen, **mach** doch mal die Falle **auf**.

Go on, Mum, open the trap.

schließen, zumachen
['ʃliːsən], ['tsuːmaxən] v
to shut, to close

Schließ die Augen und entspann' dich.

Just close your eyes and relax.

die Decke
['dɛkə] n
the ceiling

Die **Decke** lebt. Bald kommt sie runter.

The ceiling's alive. It'll be coming down soon

das Fenster
['fɛnstɐ] n
the window

Als Abteilungsleiter habe ich endlich ein Büro mit **Fenster**.

Now that I'm head of department I finally get an office with a window.

die Wand, die Mauer
[vant], ['mauɐ] n
the wall

Die Kinder sind an die **Wand** gemalt, die Schaukel ist echt.

The children are painted on the wall, but the swing's real.

der (Fuß)Boden
['(fuːs)boːdən] n
the floor

Morgens muss ich erst testen, wie kalt der **Fußboden** ist.

In the mornings, I have to test the floor to see how cold it is.

die **Terrasse**
[tɛˈrasə] *n*
the terrace

Mia hatte es sich mit ihrem Donut auf der Terrasse gemütlich gemacht.

Mia had settled down comfortably on the terrace with her doughnut.

der **Balkon**
[ˈbælkən] *n*
the balcony

Kommst du heute Nacht zu mir auf den Balkon?

Will you come out onto the balcony to see me tonight?

die **Treppe**
[ˈtrɛpə] *n*
the stairs

Auf dieser Treppe wird mir immer schwindelig.

I always get dizzy on these stairs.

das **Schloss**
[ʃlɔs] *n*
the lock

der **Schlüssel**
[ˈʃlʏsəl] *n*
the key

Bitte den Schlüssel sehr vorsichtig ins Schloss stecken.

Please insert the key into the lock very carefully.

der **Keller**
[ˈkɛlɐ] *n*
the cellar

Theo hat ein paar echte Schätzchen im Keller.

Theo has a couple of real beauties in the cellar.

die **Garage**
[ɡaˈraːɡə] *n*
the garage

Von der Garage zum Einsatzort brauchten sie nur drei Minuten.

It only took them three minutes to get from the garage to the scene.

die **Wohnung**
['vo:nʊŋ] *n*
the flat,
the apartment

Die Wohnung ist so teuer, dass wir uns neue Möbel erstmal sparen.

The flat is so expensive that we won't be buying any new furniture to start with.

das **Esszimmer**
['ɛstsɪmɐ] *n*
the dining room

das **Schlafzimmer**
['ʃla:ftsɪmɐ] *n*
the bedroom

das **Badezimmer**
['ba:dətsɪmɐ] *n*
the bathroom

der **Flur**
['flu:ɐ] *n*
the hallway

das **Wohnzimmer**
['voːntsɪmɐ] *n*
the living room

die **Küche**
['kʏçə] *n*
the kitchen

das **Gästezimmer**
['ɡɛstətsɪmɐ] *n*
the guestroom

die **Toilette**
[twaˈlɛtə] *n*
the toilet,
the bathroom

die Dusche
['duːʃə] *n*
the shower

Dusche oder Badewanne?
Sauber wird man in jedem Fall.

*Shower or bath? I'll come
out clean either way.*

die Badewanne
['baːdəvanə] *n*
the bath(tub)

die Zahnbürste
['tsaːnbʏrstə] *n*
the toothbrush

Die Zahnbürste war ein sicheres
Zeichen: Sie würde bleiben.

*The toothbrush was a sure sign
that she would stay.*

das Handtuch
['hanttuːx] *n*
the towel

Ein Handtuch zum
Reservieren der Liege
reicht nicht mehr.

*It's no longer enough just
to put a towel down
to reserve your deckchair.*

sich rasieren
[zɪç raˈziːrən] *v*
to shave

Lass den Quatsch, Papa, ich
muss mich noch nicht rasieren.

*Don't be silly, Daddy, I'm not
old enough to start shaving yet.*

Zähne putzen
['tsɛːnə pʊtsən] *phrase*
to brush one's teeth

Wenn ich mir morgens die **Zähne
putze**, schlafe ich meistens noch.

*I'm normally still half-asleep
when I brush my teeth in the
morning.*

duschen
['du:ʃən] *v*
to have a shower

Warum mit Getier im Meer baden, wenn ich am Strand auch **duschen** kann?

Why would I want to swim with all those creatures in the sea when I can just as well have a shower on the beach?

baden
['ba:dən] *v*
to have a bath

Wenn Henry **badet**, singt er am liebsten ABBA.

Henry likes singing ABBA songs when he has a bath.

der Kamm
[kam] *n*
the comb

Ich habe mir für meinen Bart extra einen **Kamm** zugelegt.

I got a special comb for my beard.

das Shampoo
['ʃampu:] *n*
the shampoo

Dieses **Shampoo** schäumt einfach ohne Ende.

This shampoo is incredibly foamy.

der Föhn
[fø:n] *n*
the hairdryer

Dass ein einfacher **Föhn** solche Gefühle wecken kann …

You wouldn't think that a humble hairdryer could awaken such feelings …

die Haarbürste
['ha:ebʏrstə] *n*
the hairbrush

die Seife
['zaɪfə] *n*
the soap

die Creme
[kre:m] *n*
the cream

die Zahnpasta
['tsa:npasta] *n*
the toothpaste

HOME COMFORTS

die **Möbel**
['møːbəl] *n*
the furniture

Überraschung, mein Bärchen:
Wir richten uns komplett
neu ein – und diese alten **Möbel**
kommen auf den Sperrmüll.

*Surprise, honey: we're
giving the place a complete
makeover – and all this old
furniture is going to the dump.*

der **Tisch**
[tɪʃ] *n*
the table

der **Stuhl**
[ʃtuːl] *n*
the chair

der **Schrank**
[ʃraŋk] n
the cupboard

Hörst du auch diese komischen Geräusche aus dem Schrank?

Can you hear those funny noises in the cupboard, too?

die **Lampe**
['lampə] n
the lamp

Bah, mit einer Lampe, die nur raucht, kann ich nichts anfangen.

Hah, what use is a smoking lamp to me?

das **Bett**
[bɛt] n
the bed

Bei Mama im Bett ist es sonntags einfach am schönsten.

Nothing beats being in bed with Mummy on a Sunday.

sitzen
['zɪtsən] v
to sit

Ich fand es leicht unheimlich, wie die Katze dort saß und mich anblickte.

I found the way the cat just sat there and stared at me a bit unnerving.

bequem
[bə'kveːm] adj
comfortable

Ohne diese Schuhe ist es so viel bequemer.

It's much more comfortable without these shoes.

einschalten, anmachen
['aɪnʃaltən], ['anmaxən] *v*
to turn on

ausschalten, ausmachen
['ausʃaltən], ['ausmaxən] *v*
to turn off

Einschalten und ausschalten ist hier gar nicht so einfach.

Turning it on and off isn't so easy here.

heizen
['haɪtsən] *v*
to heat

Für meine Katze muss ich immer extra **heizen**.

I always have to heat the house specially for my cat.

abwaschen, Geschirr spülen
['apvaʃən], [gə'ʃɪr ʃpy:lən] *v*
to do the dishes

Ich habe gekocht, du musst **abwaschen**.

I cooked, so you get to do the dishes.

der **Wasserhahn**
['vaseha:n] *n*
the tap

die **Tasse**
['tasə] *n*
the cup

der **Aschenbecher**
['aʃənbɛçe] *n*
the ashtray

die **Gabel**
['ga:bəl] *n*
the fork

das **Glas**
[gla:s] *n*
the glass

der **Teelöffel**
['te:lœfəl] *n*
the teaspoon

das **Messer**
['mɛse] *n*
the knife

der **Löffel**
['lœfəl] *n*
the spoon

die Heizung
['haitsʊŋ] *n*
the heating

Die Zentralheizung des ganzen
Sonnensystems.

*The central heating for the
entire solar system.*

Schon gut,
Mama, ich hol' mir
die Milch selbst
aus dem
Kühlschrank!

der Teller
['tɛle] *n*
the plate

der Kühlschrank
['kyːlʃraŋk] *n*
the fridge

*Don't worry, Mummy,
I'll get the milk out of
the fridge myself!*

die Pfanne
['pfanə] *n*
the frying pan

der Herd
['heːɐt] *n*
the cooker, the stove

Zu Hause hab' ich natürlich
einen Induktionsherd.

*Of course, I've got an induction
cooker at home.*

der Kochtopf
['kɔxtɔpf] *n*
the pot

Wir haben nur einen Kochtopf,
da muss eben alles rein.

*We've only got the one pot, so it
all has to go in there together.*

die **Schachtel**
['ʃaxtəl] n
the box

Maria will gar nicht mehr raus aus ihrer Schachtel.

Maria doesn't want to come out of her box.

der **Spiegel**
['ʃpiːgəl] n
the mirror

Er konnte sich stundenlang im Spiegel betrachten.

He could spend hours looking at himself in the mirror.

die **Wasch-maschine**
['vaʃmaʃiːnə] n
the washing machine

Meine Waschmaschine frisst meine Socken.

My washing machine eats my socks.

die **Kerze**
['kɛrtsə] n
the candle

anzünden
['antsʏndən] v
to light

Jede Kerze, die wir **anzünden**, ist mit dem Gedanken an einen lieben Menschen verbunden.

Every candle we light is to remind us of someone we love.

die Mülltonne
['mʏltɔnə] *n*
the rubbish bin

Erstaunlich, was man so alles in der Mülltonne findet.

It's amazing what you find in the rubbish bin.

sauber
['zaubɐ] *adj*
clean

Absolut saubere Energie ist eine Illusion.

Totally clean energy is an illusion.

waschen
['vaʃən] *v*
to wash

Timmy hält waschen für überbewertet.

Timmy thinks washing is overrated.

schmutzig
['ʃmʊtsɪç] *adj*
dirty

Ihr seid aber schmutzig! Na, dann gebt schnell noch dem Papa ein Küsschen.

Look how dirty you are! Never mind, give Daddy a quick kiss.

trocknen
['trɔknən] *v*
to dry

Ich glaube, die Farbe deiner Hemden leidet, wenn wir sie im Garten trocknen.

I think the colour of your shirts suffers from drying them in the garden.

aufräumen
['aufrɔymən] *v*
to tidy up

das Feuerzeug
['fɔyetsɔyk] *n*
the lighter

putzen, sauber machen
['pʊtsən], ['zaubɐ maxən] *v*
to clean

sauber
['zaubɐ] *adj*
tidy

die **Bildung**

['bɪldʊŋ] *n*

the education

If you think a few apps can replace a traditional education, you've got another thing coming!

lernen
['lɛrnən] v
to learn

Mit Ihnen lerne ich am
liebsten, Herr Karloff.

*I like learning with you
best, Mr Karloff .*

studieren
[ʃtu'diːrən] v
to study

Nur ausgeschlafen kann man
gut studieren.

*You can only study properly if
you've had enough sleep.*

das Wissen
['vɪsən] n
the knowledge

Mein ganzes Wissen stammt aus
alten Büchern.

*My knowledge all comes from
old books.*

wissen
['vɪsən] v
to know

Blöde Streber, wissen mal
wieder alles.

*Don't they just know it all,
the little swots.*

über, von
['yːbɐ], [fɔn] prep
about

Über diese Sache weiß ich
absolut nichts.

*I know absolutely nothing
about it.*

erklären
[ɛɐ'klɛːrən] v
to explain

verstehen
[fɛɐ'ʃteːən] v
to understand

Ich erkläre und erkläre, aber
Opa versteht's einfach nicht.

*However much I explain it,
Granddad just doesn't
seem to understand.*

begreifen
[bə'graifən] n
to realize

die Erklärung
[e'klɛːrʊŋ] n
the explanation;
the declaration

hervorragend
[hɐ'foːɐaˌɡənd] n
brilliant

die **Klasse**
['klasə] *n*
the class

So schön ruhig war es in der Klasse schon lange nicht mehr.

It hasn't been this quiet in class for ages.

das **Klassenzimmer**
['klasəntsɪmɐ] *n*
the classroom

der **Unterricht**
['ʊntɐrɪçt] *n*
the teaching, the classes

unterrichten
[ʊntɐ'rɪçtən] *v*
to teach

Wenn ich **unterrichte**, werfe ich die Schüler ins kalte Wasser.

When I teach, I like to throw my pupils in at the deep end.

interessant
[ɪntəʀɛ'sant] *adj*
interesting

Das Kunstwerk war … äh … **interessant**.

The work of art was … um … interesting.

sich interessieren (für)
[zɪç ɪntəʀɛ'siːrən (fyːɐ)] *v*
to be interested (in)

Anna **interessiert sich** mehr für Simon, als ihm lieb ist.

Anna is more interested in Simon than he would like.

die **Übung**
['y:bʊŋ] *n*
the exercise

Diese Übung bitte dreimal täglich wiederholen.

Repeat this exercise three times a day.

der **Schüler,**
die **Schülerin**
['ʃy:le], ['ʃy:lərɪn] *n*
the pupil,
the schoolboy,
the schoolgirl

Es gibt Schüler, die gehen richtig gern zur Schule.

Some pupils really love going to school.

das **Beispiel**
['baɪʃpi:l] *n*
the example

Ein gutes Beispiel für Lehrmaterial im Biologieunterricht.

A good example of the teaching materials you can use for biology.

das **Fach**
[fax] *n*
the subject

Das Fach Chemie kann richtig Spaß machen.

Chemistry can be a really fun subject.

die **Schule**
['ʃu:lə] *n*
the school

In den Ferien ist die Schule gespenstisch.

The school is an eerie place during the holidays.

spicken,
abschreiben
['ʃpɪkən], ['apʃraibən] *v*
to crib, to cheat

Einige der Schüler spickten während der Prüfung.

Some of the students were cheating during the exam.

der **Lehrer,**
die **Lehrerin**
['le:re], ['le:rərɪn] *n*
the teacher

das **Interesse**
[ɪntə'resə] *n*
the interest

der **Stundenplan**
['ʃtʊndənpla:n] *n*
the timetable

der **Kurs**
['kʊʀs] *n*

the course

Sarah will im Kurs immer allen zeigen, dass sie die Beste ist.

Sarah always wants to show everyone else on the course that she's the best.

das **Studium**
['ʃtu:diʊm] *n*

studies

Doch, glaub's mir ruhig, wir sind mitten im Studium.

Take my word for it, we're in the middle of our studies.

der **Professor,**
die **Professorin**
[pro'fɛso:ɐ], [profɛ'so:rɪn] *n*

the professor

Unser Professor wäre so gerne berühmt.

Our professor wishes he was famous.

die **Universität**
[ʊnivɛrzi'tɛ:t] *n*

the university

Ich bin total neidisch: ich wünschte, unsere Universität hätte eine so schöne Bibliothek.

I'm so jealous, I wish our university had such a nice library.

der **Student,**
die **Studentin**
[ʃtu'dɛnt], [ʃtu'dɛntɪn] *n*

the student (at a university or college)

abwesend, nicht da
['apve:zənt], [nɪçt 'da:] *adj*
absent

Valerie scheint heute nicht da
zu sein ...

*Valerie seems to be absent
today ...*

anwesend, da
['anve:zənt], [da:] *adj*
present

Moment, da sitzt sie
doch. Sie ist sogar die
Einzige, die da ist.

*Hang on a minute,
there she is. In fact,
she's the only person
who's present today.*

lösen
['lø:zən] *v*
to solve

Probleme lassen sich meist
durch Nachdenken **lösen**.

*Problems can usually be solved
if you give them some thought.*

ausbilden
['ausbɪldən] *v*
to train

Alex **bildet** Falken für die Jagd
aus. Sei lieber nett zu den
beiden.

*Alex trains falcons to hunt.
I'd be nice to both of them,
if I were you.*

die Seite
['zaɪtə] *n*
the page

Zufällig war das Buch auf der
richtigen **Seite** aufgeschlagen.

*The book just happened to be
open at the right page.*

üben
['y:bən] *v*
to practise

Schon ihnen beim **Üben**
zuzusehen ist faszinierend.

*Even watching them practise
is fascinating.*

das Heft
[hɛft] *n*
the exercise book

die Lektion
[lɛk'tsjo:n] *n*
the lesson

die Lösung
['lø:zʊŋ] *n*
the solution

richtig
[ʀɪçtɪç] *adj*
right

falsch
[falʃ] *adj*
wrong

sich irren
[zɪç 'ɪʀən] *v*
to be wrong

Ich denke, ich habe Zucker reingegeben und nicht Salz, aber ich kann mich auch irren.

I think I put sugar in rather than salt, but I could be wrong.

das Problem
[pʀo'bleːm] *n*
the problem

Mit der Dosierung hat mein Mann immer Probleme.

My husband always seems to have a problem getting the quantity right.

der Fehler
['feːlɐ] *n*
the mistake

Ach, Fehler würde ich das nicht nennen. Das trägt man jetzt so.

Oh, I wouldn't call it a mistake. It's the fashion, these days.

fehlerfrei
['feːlɐfʀaɪ] *adj*
correct, accurate

Er war nicht sicher, ob er den Test fehlerfrei bestanden hatte.

He wasn't sure if he had done the test in a correct way.

sich verbessern
[zɪç fɛɐ'bɛsɐn] *v*
to improve

Wenn du deinem Bruder immer hilfst, wird er sich nie verbessern.

Your brother will never improve if you keep helping him.

die Ausbildung
['ausbɪldʊŋ] *n*
the training,
the instruction

die Sorgfalt
['zɔrkfalt] *n*
the care

Bei so alten Autos ist
besondere Sorgfalt nötig.

*You need to take particular
care with cars this old.*

durchfallen
['dʊrçfalən] *v*
to fail

Schon wieder **durchgefallen**.
Den Führerschein krieg' ich nie.

*Failed again. I'm never going
to get my licence.*

**die Aufmerk-
samkeit**
['aufmɛrkzaːmkaɪt] *n*
the attention

Ich erwarte von meinem Hund
absolute Aufmerksamkeit.

*I demand my dog's full
attention.*

ausgezeichnet
[ausgə'tsaɪçnat] *adj*
excellent

Für den Hauptgang eine aus-
gezeichnete Wahl, mein Herr.

*An excellent choice for your
main course, sir.*

THE COMPARATIVE FORMS OF „GUT" AND „SCHLECHT"

gut
[guːt] *adj, adv*
good, well

besser
['bɛsə] *adj, adv*
better

am besten
[am 'bɛstən] *adj, adv*
best

schlecht
[ʃlɛçt] *adj, adv*
bad, badly

schlechter
['ʃlɛçtə] *adj, adv*
worse

am schlechtesten
[am 'ʃlɛçtəstən] *adj, adv*
worst

sich anmelden
[zɪç ˈanmɛldən] v
to register

Echt? Du brauchst einen halben Tag, um dich **anzumelden**?

Does it really take half a day just to register?

das Zeugnis
[ˈtsɔyknɪs] n
the certificate

Jetzt hätte ich fast auch mein Zeugnis in die Luft geworfen.

I nearly threw my certificate in the air, too.

die Note
[ˈnoːtə] n
the mark, the grade

Kim hat wieder die besten Noten bekommen.

Kim got the best marks again.

die Prüfung
[ˈpryːfʊŋ] n
the examination

Abschreiben ist bei dieser **Prüfung** erheblich schwerer.

In this examination, copying is a lot harder.

Hör du auf, alles zu wiederholen!

Hör auf, alles zu wiederholen!

wiederholen
[vi:de'ho:lən] *v*
to repeat

Stop repeating everything!
You stop repeating everything!

schwierig, schwer
['ʃviːrɪç], [ʃveːɐ] *adj*
difficult

Ab hier könnte der Abstieg
schwierig werden.
*The descent could get difficult
from here on.*

leicht, einfach
[laɪçt], ['aɪnfax] *adj*
easy

Lottes Lieblingsgericht geht
ganz leicht.
*Lotte's favourite dish is easy
to make.*

die **Anmeldung**
['anmɛldʊŋ] *n*
the registration

die **Schwierigkeit**
['ʃviːrɪçkaɪt] *n*
the difficulty

einfach
['aɪnfax] *adj*
simple

der **Test**
[tɛst] *n*
the test

testen
['tɛstən] *v*
to test

Autos zu **testen** macht
mir einen Höllenspaß.
*Testing cars is such
amazing fun.*

LANGUAGE

die **Sprache**
[ʃpʀaːxə] *n*
the language

Um die Sprache der Bienen
zu verstehen, muss man den
Bienentanz kennen.

*To understand the language of
bees, you need to learn about
their waggle dance.*

der Buchstabe
['bu:xʃta:bə] *n*
the letter

Mist! Meine Schreibmaschine hat nur kyrillische Buchstaben.

Damn, my typewriter only has Cyrillic letters.

bedeuten
[bə'dɔytən] *v*
to mean

Papa, was **bedeutet** eigentlich „Transzendenz"?

Daddy, what does "transcendence" mean?

das Alphabet
[alfa'be:t] *n*
the alphabet

Mein Leon konnte schon mit eineinhalb das Alphabet!

My Leon knew his alphabet by the time he was eighteen months old!

übersetzen
[y:be'zɛtsən] *v*
to translate

Martin Luther **übersetzte** die Bibel ins Deutsche.

Martin Luther translated the Bible into German.

das Wörterbuch
['vœrtebu:x] *n*
the dictionary

Schon immer hilfreich: ein Wörterbuch.

Always useful: a dictionary.

die Aussprache
['ausʃpra:xə] *n*
the pronunciation

Er versteht Japanisch sehr gut, kämpft aber noch mit der Aussprache.

He understands Japanese very well, but he struggles with the pronunciation.

der Text
[tɛkst] *n*
the text

Großmutter schreibt ihre Texte schon lange auf dem Computer.

Grandma has been writing her texts on the computer for quite a while now.

die Übersetzung
[y:be'zɛtsuŋ] *n*
the translation

die Bedeutung
[bə'dɔytuŋ] *n*
the meaning

buchstabieren
[bu:xʃta'bi:rən] *v*
to spell

die Grammatik
[gra'matɪk] *n*
the grammar

das Wort
['vɔrt] *n*
the word

der Satz
[zats] *n*
the sentence

das Substantiv
['zʊpstanti:f] *n*
the noun

das Verb
[vɛrp] *n*
the verb

das Adjektiv
['atjɛkti:f] *n*
the adjective

das Adverb
['atvɛrp] *n*
the adverb

die Einzahl
['aɪntsa:l] *n*
the singular

die Mehrzahl
['me:etsa:l] *n*
the plural

anrufen

['anru:fən], [telefo'ni:rən] *v*

to phone, to call

Aber natürlich, Chef, Sie
können mich jederzeit **anrufen**.

Of course, boss, you can
phone me any time you like.

das Telefon
[tele'fo:n] *n*
the (tele)phone

Mit dem neuen Telefon habe
ich endlich die Hände frei.

*Thanks to this new phone, my
hands are finally free.*

wählen
['vɛ:lən] *v*
to dial

Für eine andere Warteschleifen-
musik wählen Sie bitte folgende
Nummer …

*To change the hold music,
please dial the following
number …*

Dieses Handy
ist garantiert
abhörsicher.
Hab' ich schließlich
selbst gebaut.

*This mobile phone is
guaranteed bugproof.
I did build it myself,
after all.*

das Handy,
das Mobiltelefon
['hɛndi], [mo'bi:ltelefo:n] *n*
the mobile (phone)

telefonieren
[telefo'ni:rən] *v*
to make a
phone call,
to telephone

der Anruf
['anru:f] *n*
the call

besetzt
[ba'zɛtst] *adj*
engaged, busy

der Anruf-
beantworter
['anru:fbe|antvɔrte] *n*
the answer-
phone

die Vorwahl
['fo:eva:l] *n*
the dialling
code, the area
code

zurückrufen
[tsu'rʏkru:fən] *v*
to phone back

sich ver-
wählen
[zɪç fɛe've:lən] *v*
to dial the
wrong number

die Telefonnummer
[tele'fo:nnʊme] *n*
the telephone number

Moment, ich notiere nur schnell
deine Telefonnummer.

*Just a minute while I write your
telephone number down.*

der Computer
[kɔmˈpjuːtɐ] *n*
the computer

der Bildschirm
[ˈbɪltʃɪrm] *n*
the screen

Nein, Sarah, du kannst jetzt nicht an den Computer. Ich muss arbeiten.

No, Sarah, you can't go on the computer now. I have to work.

die DVD
[deːfauˈdeː] *n*
the DVD

der USB-Stick
[uːˈɛsˈbeːstɪk] *n*
the USB stick

die Taste
[ˈtastə] *n*
the key

die Maus
[maus] *n*
the mouse

die Tastatur
[tastaˈtuːɐ] *n*
the keyboard

die E-Mail
[ˈiːmeɪl] *n*
the e-mail

Gib her, ich check die E-Mails.
Give it to me, I want to check my e-mails.

die Festplatte
[ˈfɛstplatə] *n*
the hard disk

Die Festplatte muss gründlich gereinigt werden.
The hard disk needs a good clean-up.

das Internet
['ıntenɛt] *n*
the Internet

Was das Internet nicht findet,
existiert nicht. Oder?

*If you can't find it on the
Internet, it doesn't exist, right?*

die Website
['wɛbsaɪt] *n*
the website

Hier kann ich mich endlich
mal um meine Website
kümmern.

*At last, somewhere where
I can do my website.*

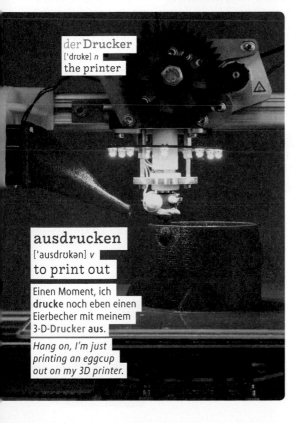

der Drucker
['drʊkɐ] *n*
the printer

ausdrucken
['ausdrʊkən] *v*
to print out

Einen Moment, ich
drucke noch eben einen
Eierbecher mit meinem
3-D-**Drucker** aus.

*Hang on, I'm just
printing an eggcup
out on my 3D printer.*

klicken
['klɪkən] *v*
to click

Klicken Sie jetzt auf „absenden",
um den Betrag vom Konto ab-
buchen zu lassen.

*Click on "send" to debit your
account.*

der Cursor
['køːɐze] *n*
the cursor

Wo der Cursor steht, darf
geschrieben werden.

*You can write where the
cursor is.*

HAL 2000, starte jetzt das Programm.

Es tut mir leid Francis, aber ich musste alle Daten löschen.

die **Daten**
['da:tən] *n*
the data

löschen
['lœʃən] *v*
to delete

das **Programm**
[pro'gram] *n*
the program

HAL 2000, start the program now.

I'm sorry, Francis, but I had to delete all data.

digital
[digi'ta:l] *adj*
digital

Das macht mir keiner nach: digitale Luftgitarre!

I'd like to see anyone else try this – digital air guitar!

kopieren
ko'pi:rən] *v*
to copy

Tommy **kopiert** immer nur die bekannteren Werke.

Tommy only ever copies the better-known works.

sichern, speichern
['zɪçən], ['ʃpaɪçen] *v*
to save

programmieren
[progra'mi:rən] *v*
to program

die **Datei**
[da'taɪ] *n*
the file

einfügen
['aɪnfy:gən] *v*
to paste

der **Brief**
[briːf] *n*
the letter

Wäre dieser **Brief** nur 200 Jahre früher angekommen!

If only this letter had arrived 200 years sooner!

die **Postleitzahl**
['pɔstlaɪttsaːl] *n*
the postcode

So ein Mist. Schon wieder eine falsche **Postleitzahl**!

Unbelievable, another wrong postcode!

die **Post**
[pɔst] *n*
the post, the mail

die **Briefmarke**
[briːfmaʀkə] *n*
the stamp

Meine **Briefmarken**sammlung sehe ich mir am liebsten alleine an.

I prefer to be alone when I'm looking through my stamp collection.

die **Postkarte**
['pɔstkartə] *n*
the postcard

Schreckliche **Postkarte** – genau die richtige für Tante Gertrud!

What an awful postcard – it's perfect for Auntie Gertrud!

schicken, senden
['ʃɪkən], ['zɛndən *v*
to send

Stell dich nicht so an. So haben wir früher immer Nachrichten **gesendet**.

Stop making such a fuss. We always used to send messages like this in the past.

das **Postamt**
['pɔst|amt] *n*
the post office

Im **Postamt** wird aber auch jede Menge Ramsch verkauft.

They also sell loads of junk at the post office.

die **Information**
[ɪnfɔrma'tsjoːn] *n*
the information

Anscheinend will sie all diese Informationen mit niemandem teilen.

She doesn't look like she wants to share all that information with anyone.

senden
['zɛndən] *v*
to broadcast

Seit gestern **senden** wir mit dreifacher Leistung.

Since yesterday, we have tripled our broadcasting range.

der **Werbespot**
['vɛrbəspɔt] *n*
the commercial

Mit einem Fußball-**Werbespot** kann man alles verkaufen.

You can sell anything with a football commercial.

das **Programm**
[pro'gram] *n*
the programme

Schon wieder nur glückliche Kinder im Kinder**programm**.

Yet another children's programme with nothing but happy children.

das **Radio**
['raːdio] *n*
the radio

Es heißt Radio, und YouTube kann es nicht.

It's called a radio and you can't watch YouTube on it.

fernsehen
['fɛrnzeːən] *v*
to watch TV

Oma lässt uns immer ganz lange fernsehen.

Our gran always lets us stay up late to watch TV.

das **Fernsehen**
['fɛrnzeːən] *n*
the television, the TV

Im Fernsehen vermischt sich immer mehr Wahrheit mit Fiktion.

It's getting harder and harder to tell fact from fiction on TV these days.

die **Zeitung**
['tsaɪtʊŋ] *n*
the (news)paper

Die Jungs von der Zeitung waren natürlich schon alle da.

Naturally, all the guys from the newspaper were already there.

die **Nachrichten**
['na:xrɪçtən] *n*
the news

Die Nachricht von seinem Rücktritt verbreitete sich im Nu.

The news of his resignation spread like wildfire.

die **Tageszeitung**
['ta:gəstsaɪtʊŋ] *n*
the daily paper

Meine Tageszeitung ist noch feucht, wenn ich sie bekomme.

When I get my daily paper, the print is still wet on the page.

wahr
[va:ɐ] *adj*
true

Das ist alles **wahr**, dafür bürge ich mit meinem guten Ruf.

It's all true, I swear it on my reputation.

die Wahrheit
['va:ehaɪt] *n*
the truth

Sie wissen doch: Im Wein liegt die **Wahrheit**!

In wine there is truth, as they say!

die Ausgabe
['ausga:bə] *n*
the edition, the issue

In dieser alten **Ausgabe** hat schon Umberto Eco geblättert.

Umberto Eco has already been looking through this old edition.

das Abonnement
[abɔnə'mā:] *n*
the subscription

Seit ich das **Abonnement** habe, stapeln sich hier die Zeitungen.

The newspapers have been piling up since I took out a subscription.

der Artikel
[ar'ti:kəl] *n*
the article

Einen **Artikel** zu schreiben reicht nicht mehr, ich muss auch filmen …

It's no longer enough just to write an article, I have to get it on video too …

die Zeitschrift, die Illustrierte
['tsaɪtʃrɪft], [ɪlʊs'tri:etə] *n*
the magazine

Hallo? Sie müssen die **Zeitschrift** erst kaufen, bevor Sie sie lesen.

Excuse me. You have to buy the magazine before you can read it.

informieren
[ɪnfɔr'mi:rən] *v*
to inform

Und nun möchten wir Sie über ein paar gute Neuigkeiten **informieren**.

And now we would like to inform you of some good news.

der **Beruf**
[bəˈʀuːf] *n*
the profession

Ach, das ist Ihr **Beruf**? Kann man denn davon leben?

Oh, so that's your profession. Can you make a living from that?

beruflich
[bə'ruːflɪç] *adj*
professional

Ich bin eine berufliche Schönheit.

I'm a professional beauty.

arbeiten
['aʁbaɪtən] *v*
to work

Bis zu den Knien im Dreck: Das nenn' ich arbeiten!

Up to my knees in muck: that's what I call working!

die Feuerwehr
['fɔyeveːɐ] *n*
the fire brigade

Knut wär' gern bei der Feuerwehr.

Knut would really like to join the fire brigade.

der Anwalt, die Anwältin
['anvalt], ['anvɛltɪn] *n*
the lawyer

Ich spiele den Anwalt in einer Vorabendserie.

I play the lawyer in an early evening TV series.

der Verkäufer, die Verkäuferin
[fɛɐ'kɔyfe], [fɛɐ'kɔyfəʀɪn] *n*
the shop assistant

Mal wieder ist nirgends ein Verkäufer zu sehen.

Yet again there isn't a shop assistant to be seen.

der Polizist, die Polizistin
[poli'tsɪst], [poli'tsɪstɪn] *n*
the police officer

Die Polizistin versuchte, beruhigend aufzutreten.

The police officer tried to look reassuring.

der Friseur, die Friseurin
[fri'zøːɐ], [fri'zøːrɪn] *n*
the hairdresser

Die Kundin dieser Friseurin ist sehr viel geduldiger als andere.

The customer of this hairdresser is much more patient than others.

der Job
[dʒɔp] *n*
the job

die Arbeit
['aʁbaɪt]] *n*
the work

der Arbeitsplatz, die Stelle
['aʁbaɪtsplats], ['ʃtɛlə] *n*
the post

der **Arbeitgeber,**
die **Arbeitgeberin**
['arbaɪtge:be], ['arbaɪtge:bərɪn] *n*
the employer

Unser Arbeitgeber hat eine ganz
spezielle Art zu motivieren.

*Our employer has a very special
way of motivating people.*

der **Arbeitnehmer,**
die **Arbeitnehmerin**
['arbaɪtne:me], ['arbaɪtne:mərɪn] *n*
the employee

die **Anstellung,**
die **Beschäftigung**
['anʃtelʊŋ], [bə'ʃɛftɪgʊŋ] *n*
the employment

Eine bessere Beschäftigung
habe ich nicht gefunden.

*I couldn't find any better
employment.*

einstellen
['aɪnʃtɛlən] *v*
to hire

Wir möchten Sie gerne als
Jugendbeauftragten einstellen.

*We'd very much like to hire you
as a youth representative.*

der **Kollege,**
die **Kollegin**
[kɔ'le:gə], [kɔ'le:gɪn] *n*
the colleague

Ich gebe meiner Kollegin
noch ein bisschen Arbeit ab –
die macht's gern.

*I'll hand over a bit more work to
my colleague – she'll love that.*

das **Team**
[ti:m] *n*
the team

Ein Team gibt einem Halt.

A team gives you support.

beschäftigen
[bə'ʃɛftɪgən] *v*
to employ

die **Geschäfts-
leitung**
[gə'ʃɛftslaɪtʊŋ] *n*
the management

der **Mitarbeiter,**
die **Mitarbeiterin**
['mɪt|arbaɪte],
['mɪt|arbaɪtərɪn] *n*
the co-worker

der **Geschäftsführer**,
die **Geschäfts-
führerin**
[gə'ʃɛftsfyːrɐ], [gə'ʃɛftsfyːrərɪn] *n*
the manager

Gut verhandelt: Wenn er als
Geschäftsführer versagt,
gibt es eine hohe Abfindung.

*Good deal: if he fails as a
manager, he'll get a golden
handshake.*

das **Personal**
[pɛrzo'naːl] *n*
the staff

Schlecht verhandelt: Wenn der
Geschäftsführer versagt, gibt es
beim Personal Lohnkürzungen.

*Bad deal: if the manager fails,
the staff will get a pay cut.*

So, Herr Kollege, fürs Zunähen sind jetzt Sie zuständig.

**zuständig,
verantwortlich**
['tsuːʃtɛndɪç],
[fɛɐ'antvɔrtlɪç] *adj*
responsible

*So, Doctor, now you're
responsible for sewing up.*

arbeitslos
['arbaɪtsloːs] *adj*
unemployed

Dass Karl arbeitslos war,
freute als Einzigen den Hund.

*Only the dog was happy that
Karl was unemployed.*

leiten
['laɪtən] *v*
to run

Sie haben schon richtig
gesehen: ICH **leite** diese Firma.

*You saw it right the first time:
I run this company.*

Komm zur Gewerkschaft, hieß es, da kannst du was erleben...

die Gewerkschaft
[gəˈvɛrkʃaft] *n*
the trade union

*Come join the trade union, they said,
you'll have a great time...*

seinen Lebens-unterhalt verdienen
[zaınən ˈleːbənsʊntehalt fɛɛˈdiːnən] *phrase*
to make a living

Als Beamter könnte ich **meinen Lebensunterhalt** viel leichter **verdienen**.

I could make a much easier living as a civil servant.

verdienen
[fɛɛˈdiːnən] *v*
to earn

Für mich **verdient** meine App das Geld, ich muss nur wischen.

My app earns my money for me. I just need to do the swiping.

die Bewerbung
[bəˈvɛrbʊŋ] *n*
the application

Vermaledeite Online-Bewerbung!

Blasted online application!

der **Streik**
[ʃtraɪk] *n*
the strike

Warten, bis der Streik beendet ist?
Da können wir ja gleich Bahn fahren!

Wait until the strike is over?
We might as well take the train!

die **Forderung**
[ˈfɔrdərʊŋ] *n*
the demand

Erfüllen Sie unsere Forderungen,
dann gibt es keine Probleme.

Meet our demands and there
won't be any problems.

das **Gehalt**
[gəˈhalt] *n*
the salary

Ich hab' nachgerechnet:
Mein Gehalt liegt noch
unter dem Mindestlohn!

I've checked the figures.
My salary is still lower than
the minimum wage!

die **Rente**
[ˈrɛntə] *n*
the pension

Mit meiner kümmerlichen
Rente kann ich mir den
Ruhestand nicht leisten.

I can't afford to retire on
my meagre pension.

fordern
[ˈfɔrdən] *v*
to demand

sich bewerben
[zɪç bəˈvɛrbən] *v*
to apply

streiken
[ˈʃtraɪkən] *v*
to be on strike

der **Ruhestand**
[ˈruːəʃtant] *n*
the retirement

das **Büro**
[by'ro:] *n*
the office

Hurra! Im neuen Büro hat jeder seinen eigenen Schreibtisch.

Hurray! In the new office everyone has their own desk.

der **Schreibtisch**
['ʃraɪptɪʃ] *n*
the desk

der **Stift**
[ʃtɪft] *n*
the pen

Für jede Aufgabe hat Mike einen speziellen Stift.

Mike has a special pen for every task.

der **Sekretär,**
die **Sekretärin**
[zekre'tɛːe], [zekre'tɛːrɪn] *n*
the secretary

Doch, kommunikativ ist sie, unsere Sekretärin.

Oh no, our secretary is communicative all right.

der **Kopierer**
[ko'piːre] *n*
the photocopier

Bernhard macht seine Passbilder immer nur auf dem Kopierer.

For his passport photos Bernhard will only ever use the photocopier.

die **Unterlagen**
['ʊntelaːgən] *n*
the documents

Irgendwo in den Unterlagen muss die Karte vom Pizzaservice sein.

The menu for the pizza delivery service must be somewhere in these documents.

die **Visitenkarte**
[viˈziːtənkaʁtə] *n*
the business card

Auf der Visitenkarte steht alles, was Sie über mich wissen müssen.

Everything you need to know about me is on my business card.

schreiben
[ˈʃʁaɪbən] *v*
to write

Mit der Hand zu schreiben lässt die Gedanken freier fließen.

Writing by hand makes your thoughts flow more freely.

der **Kalender**
[kaˈlɛndɐ] *n*
the diary, the calendar

Mit dem Februar in diesem Kalender stimmt etwas nicht.

die **Notiz**
[noˈtiːts] *n*
the note

There's something wrong with February in this diary.

das **Papier**
[paˈpiːɐ] *n*
the paper

Papier kann sich nicht aussuchen, womit es bedruckt wird.

Paper doesn't get to choose what's printed on it.

der **Kugel-schreiber**
[ˈkuːɡəlʃʁaɪbɐ] *n*
the ballpoint pen

notieren
[tˈnoˈtiːʁən] *v*
to note down

das **Blatt**
[blat] *n*
the sheet

die **Lebensmittel**
['leːbənsmɪtəl] *n*
the food

Wir werfen keine Lebensmittel
weg – wir essen sie alle auf!

*We don't throw any food
away – we eat it all up!*

essen
['ɛsən] v
to eat

So lustig war es noch nie, Spinat zu essen!

Eating spinach has never been so much fun!

der Hunger
['hʊŋɐ] n
the hunger

Ihr Hunger trieb die kleine Raupe voran.

It was hunger that drove the little caterpillar on.

trinken
['trɪŋkən] v
to drink

Nachmittags trinkt Akono gerne mal einen über den Durst.

Akono likes to drink one too many in the afternoons.

der Durst
['dʊrst] n
the thirst

Ich ging weiter und weiter und versuchte, meinen Durst zu vergessen.

I walked on and on, trying to forget my thirst.

hungrig
['hʊŋgrɪç] adj
hungry

durstig
['dʊrstɪç] adj
thirsty

die Mahlzeit
['ma:ltsaɪt] n
the meal

Guten Appetit!
[gu:tən apeˈtiːt] phrase
Enjoy your meal!

der Appetit
[apeˈtiːt] n
the appetite

Die Vorspeise ist viel zu wenig – gemessen an seinem Appetit …

This starter will be nowhere near enough – going on his appetite…

Prost!
[proːst] interj
Cheers!

Endlich: Der Chef hat aufgegeben. Prost!

At last, the boss has given up. Cheers!

scharf
[ʃaʀf] adj
hot, spicy

Nimm nicht alle, ich mag es nicht so scharf.

Don't use them all. I don't like it so spicy.

sauer
[ˈzauɐ] adj
sour

Sonja liebt es sauer.

Sonja loves anything sour.

süß
[zyːs] adj
sweet

Hüftgold nennt man diese süßen Teile.

These sweet things are called love handles.

Ich bleibe dabei: Diese Suppe schmeckt wie alte Socken.

schmecken
[ˈʃmɛkən] v
to taste

I still think this soup tastes like old socks.

kochen
['kɔxən] v
to cook, to boil

Samstags übe ich mit meiner Schwester **kochen**.

On Saturdays I practise cooking with my sister.

Kochen means „to boil" (a liquid) as well as „to cook" (food). In English „to cook" can also be used for other methods of preparation as well as boiling, such as frying, grilling and baking. In German however the specific word is needed for each method: braten, grillen and backen respectively.

schneiden
[ʃnaɪdən] v
to cut

Diese Säge **schneidet** Hartholz wie Butter.

This saw cuts through hardwood like butter.

tiefgekühlt, Tiefkühl-
['tiːfgəkyːlt], ['tiːfkyːl] adj
frozen

Wer auch im Winter Beeren will, muss **Tiefkühl**ware nehmen.

If you want to have berries in winter too, you have to get frozen ones.

roh
['ʀoː] adj
raw

Ich mache die Steinzeit-Diät: alles **roh**, aber mit Stil.

I'm on the Stone Age diet: raw food only but done in style.

frisch
[fʀɪʃ] adj
fresh

köstlich
['kœstlɪç] adj
delicious

zubereiten
['tsuːbəʀaɪtən] v
to make

warm machen
['vaʁm 'maxən] v
to warm up

gar
[gaːɐ] adj
cooked

Natürlich sind die Pilze heiß, sonst wären sie ja nicht **gar**.

Of course the mushrooms are hot. They wouldn't be cooked otherwise.

das **Brot**
[bro:t] *n*
the bread

Ich traue diesen Backshops nicht –
ich mach' mein Brot selber.

*I don't trust these bakeries –
I make my own bread.*

das **Stück**
[ʃtʊk] *n*
the piece

Ach nein, bitte nur ein ganz
kleines Stück!

*Oh no, just a very small piece,
please!*

die **Nudeln**
['nu:dəln] *n*
the noodles, the pasta

In Japan darf man die Nudeln
auch schlürfen.

*In Japan you're allowed to slurp
your noodles too.*

der **Reis**
[raɪs] *n*
the rice

Mit Trüffeln wird simpler Reis
zur Haute Cuisine.

*Truffles turn simple rice into
haute cuisine.*

der **Keks**
[ke:ks] *n*
**the biscuit,
the cookie**

Bei uns lebt ein Geist, der Kekse
verschwinden lässt.

*There's a ghost living in our
house that makes biscuits
disappear.*

die **Torte**
['tɔrtə] *n*
the gateau

die **Scheibe**
['ʃaɪbə] *n*
the slice

das **Brötchen**
['brø:tçən] *n*
the roll

der **Kuchen**
['ku:xən] *n*
the cake

Wie bitte? Unsere Kuchen
schmecken Ihnen nicht?

*I beg your pardon?
You don't like our cakes?*

das Gemüse
[gə'myːzə] n
the vegetable

Gemüse aller Länder, vereinigt euch!

Vegetables of the world, unite!

die Kartoffel
[kar'tɔfəl] n
the potato

die Möhre
['møːrə] n
the carrot

die Gurke
['gʊrka] n
the cucumber

der Mais
[maɪs] n
the sweetcorn

die Paprika
['paprika] n
the pepper

die Tomate
[toˈmaːtə] n
the tomato

Die roten Tomaten landen heute Abend im Salat.

The red tomatoes will go in tonight's salad.

die Zwiebel
['tsviːbəl] n
the onion

Ich hasse es, Zwiebeln zu schneiden.

I hate chopping onions!

die Olive
[oˈliːvə] n
the olive

Gerührt oder geschüttelt? Egal, Hauptsache mit Olive.

Shaken or stirred? I don't mind, as long as you put an olive in it.

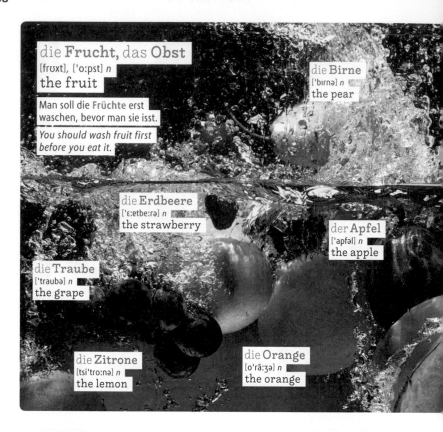

die **Frucht,** das **Obst**
[frʊxt], ['oːpst] *n*
the fruit

Man soll die Früchte erst
waschen, bevor man sie isst.

*You should wash fruit first
before you eat it.*

die **Birne**
['bɪrnə] *n*
the pear

die **Erdbeere**
['ɛːɛtbeːrə] *n*
the strawberry

der **Apfel**
['apfəl] *n*
the apple

die **Traube**
['traubə] *n*
the grape

die **Zitrone**
[tsi'troːnə] *n*
the lemon

die **Orange**
[o'rãːʒə] *n*
the orange

der **Pfirsich**
['pfɪrzɪçʃ] *n*
the peach

Der Pfirsich erinnert mich an
Helgas Haut von vor 60 Jahren.

*This peach reminds me of
Helga's skin 60 years ago.*

die **Kirsche**
['kɪrʃə] *n*
the cherry

Ich mag nur die Kirsche,
du kannst den Rest haben.

*I only like the cherry.
You can have the rest.*

die **Banane**
[ba'naːnə] *n*
the banana

Bananen schäle ich locker
mit Händen und Füßen.

*I can easily peel bananas
with my hands or my feet.*

das **Fleisch**
[flaıʃ] *n*
the meat

Ich kann dir gleich sagen, ob man das **Fleisch** noch essen kann.

I'll be able to tell you in just a moment if the meat's still edible.

das **Schweinefleisch**
['ʃvaınəflaıʃ] *n*
the pork

Schweinefleisch? Bitte entlang der Linien ausschneiden.

Pork? Please cut along the dotted lines.

das **Hühnchen**
['hy:nçən] *n*
the chicken

Gut, dass wir unser **Hühnchen** nicht selber rupfen müssen.

It's a good thing we don't have to pluck our own chicken.

das **Rindfleisch**
['rıntflaıʃ] *n*
the beef

Oma hält nichts von der Steinzeit-Diät und schmort das **Rindfleisch** ausgiebig.

Grandma's not a fan of the Stone Age diet and braises beef for a long time.

das **Kalbfleisch**
['kalpflaıʃ] *n*
the veal

der **Speck**
[ʃpɛk] *n*
the bacon

die **Salami**
['zala:mi] *n*
the salami

der **Schinken**
['ʃıŋkən] *n*
the ham

das **Steak**
[ste:k] *n*
the steak

Außen braun und innen rot: So mag ich mein **Steak**!

Brown on the outside and red on the inside. That's how I like my steak!

die **Wurst**
[vʊrst] *n*
the sausage

Alles hat ein Ende, nur die **Wurst** hat keines.

Everything comes to an end. Apart from sausages.

der **Essig**
['ɛsɪç] *n*
the vinegar

Dieser Essig reift zwölf
Jahre im Fass.

*This vinegar is matured in
a barrel for twelve years.*

das **Öl**
[øːl] *n*
the oil

Mein Auto fährt sicher auch
mit Salatöl.

*I'm sure my car will run on
salad oil too.*

der **Lachs**
[laxs] *n*
the salmon

Der Lachs hatte sich bei seinem
Sprung katastrophal verschätzt.

*The salmon had made
a fatal mistake in its leap.*

die **Garnele**
[gar'neːlə] *n*
the prawn

Die Garnele ist die
unangefochtene Herrin
des Aquariums.

*The prawn is the
undisputed boss of
the aquarium.*

der **Thunfisch**
['tuːnfɪʃ] *n*
the tuna

Das armselige Ende eines
ehemals stolzen Thunfischs.

*The pitiful end of a once
proud tuna.*

die **Milch**
[mɪlç] *n*
the milk

Diese Milch ist wirklich einzigartig.

There's nothing quite like this milk.

die **Sahne**
['zaːnə] *n*
the cream

Entweder richtige Sahne oder gar keine Torte!

The cake is either made with real cream or you might as well forget it!

die **Butter**
['bʊtɐ] *n*
the butter

Butter und Salz – mehr brauch' ich nicht aufs Brot.

Butter and salt – that's all I need on my bread.

der **Käse**
['kɛːzə] *n*
the cheese

Der Geruch nach Käse stört einen nur am Anfang.

The smell of cheese only bothers you at the start.

das **Salz**
[zalts] *n*
the salt

Hier ist genug Salz für dein Frühstücksei: Bedien dich einfach.

There's enough salt here for your breakfast egg. Just help yourself.

das **Ei**
[aɪ] *n*
the egg

Eier richtig aufzuschlagen ist eine Kunst.

There's an art to breaking eggs properly.

das **Eigelb**
['aɪgɛlp] *n*
the (egg) yolk

das **Eiweiß**
['aɪvaɪs] *n*
the egg white

das **Bonbon**
[bɔŋ'bɔŋ] *n*
the sweet,
the (piece of) candy

Bitte nur rosa **Bonbons** für mich!

Only pink sweets for me, please!

das **Eis**
[aɪs] *n*
the ice cream

Lisa hätte auch gern bunte Stückchen auf ihrem **Eis**.

Lisa would have liked her ice cream to have colourful bits too.

die **Konfitüre**
[kɔnfi'ty:rə] *n*
the jam

Greifen Sie zu! Alle **Konfitüren** sind hausgemacht.

Tuck in! All the jams are homemade.

die **Marmelade**
[marmə'la:də] *n*
the marmalade

die **Schokolade**
[ʃoko'la:də] *n*
the chocolate

Schokolade in Kaskaden – der Hit auf jedem Kindergeburtstag.

A chocolate fountain – a hit at any children's birthday party.

der **Zucker**
['tsʊke] *n*
the sugar

Musst du den **Zucker** immer umwerfen?

Do you always have to knock over the sugar?

der **Honig**
['ho:nɪç] *n*
the honey

Ich mag keinen Zucker, ich nehme nur ganz frischen **Honig**.

I don't like sugar. I only eat really fresh honey.

das **Getränk**
[gə'tʀɛŋk] *n*
the drink

Für Marina gibt es nur noch farblose **Getränke**.

Marina's only having colourless drinks from now on.

der **Eiswürfel**
['aɪsvʏrfəl] *n*
the ice cubel

Eiswürfel sind die kalorienarme Variante von Eiscreme.

Ice cubes are the low-calorie equivalent of ice cream.

das **Mineralwasser**
[mineˈraːlvasɐ] *n*
the mineral water

Ohne eine Flasche **Mineralwasser** gehe ich nicht aus dem Haus.

I don't leave the house without a bottle of mineral water.

der **Wein**
[vaɪn] *n*
the wine

Wer **Wein** haben will, muss die Trauben kaputt machen.

If you want wine, you have to crush the grapes.

> He, Finger weg von meinem Bier!

das **Bier**
[ˈbiːɐ] *n*
the beer

Hey, hands off my beer!

die **Flasche**
[ˈflaʃə] *n*
the bottle

… Aber versuch bloß nicht, ihr die **Flasche** wegzunehmen.

…But just don't try taking the bottle away from her.

der **Kaffee**
[ˈkafe] *n*
the coffee

In der Werbung machen sie die Bläschen auf dem **Kaffee** mit Spülmittel.

In coffee adverts they use washing-up liquid to make the froth.

der **Tee**
[teː] *n*
the tea

Für diese Art, **Tee** zu trinken, müssen Sie sich Zeit nehmen.

You have to take your time to drink tea like this.

der **Alkohol**
[ˈalkohoːl] *n*
the alcohol

die **Limonade**
[limoˈnaːdə] *n*
the lemonade

der **Saft**
[zaft] *n*
the juice

der **Drink**
[drɪŋk] *n*
the drink

GOING OUT

das Restaurant
[rɛsto'rã] *n*
the restaurant

Im **Restaurant** muss man auch bei vielen Bestellungen die Qualität halten.

In a restaurant you have to maintain the quality even when there are lots of orders.

die **Bedienung**
[bə'di:nʊŋ] *n*
the waitress

die **Speisekarte**
['ʃpaɪzəkartə] *n*
the menu

Es steht nicht auf der
Speisekarte, aber dürfte
ich Sie bitten...

*It's not on the menu,
but might I request...?*

der **Kellner,**
der **Ober**
['kɛlnɐ], ['o:bɐ] *n*
the waiter

Hallooooo! Herr Ober!
Yoohoo! Waiter!

das **Trinkgeld**
['trɪŋkgɛlt] *n*
the tip

Das soll ein Trinkgeld sein?
Is that supposed to be a tip?

nur
[nu:ɐ] *adv*
only

... ich hab' ja auch nur wenig
Hunger.
*...I'm only slightly hungry
anyway.*

die **Rechnung**
['rɛçnʊŋ] *n*
the bill

Das muss die Rechnung für
den Nebentisch sein.
*That must be the bill for the
next table.*

bezahlen
[bə'tsa:lən] *v*
to pay

Ich habe Sie für Ihren Job
bezahlt, jetzt verschwinden Sie!
*I've paid you for your work,
now beat it!*

das **Café**
[ka'feː] *n*
the café

Martha war froh, dass Inge ihr im Café keine Szene machte.

Martha was glad that Inge didn't make a scene at the café.

die **Konditorei**
[kɔndito'raɪ] *n*
the cake shop

Shopping-Frust? In der Konditorei findest du immer etwas.

Can't find what you're looking for? You'll always find something at the cake shop.

der **Nachtisch**
['naːxtɪʃ] *n*
the dessert

Lass uns den Nachtisch teilen: Du kriegst das Minzeblättchen.

Let's share the dessert. You can have the mint leaf.

das **Menü**
[me'nyː] *n*
the set meal

Oh Gott, das Menü besteht aus 19 Gängen.

Oh God, the set meal is made up of 19 courses..

der **Gang**
[gaŋ] *n*
the course

das **Gericht**
[gə'rɪçt] *n*
the dish

die **Kneipe**
['knaɪpə] *n*
the pub

die **Bar**
['baːɐ] *n*
the bar

die **Imbissbude**
['ɪmbɪsbuːdə] *n*
the snack bar

die **Suppe**
['zʊpə] *n*
the soup

Suppe für 40 Mann – das ist ein echter Kraftakt.

Soup for 40 – that's a real feat of strength.

die **Spezialität**
[ʃpetsjali'tɛːt] *n*
the speciality

Diese Spezialität bekomme ich nur mit einem Schnaps runter.

The only way I can get this speciality down is with some schnapps.

das **Omelett**
['ɔmlɛt] *n*
the omelette

Halbfinale bei der Weltmeisterschaft im Omelettzubereiten.

Semi-final of the World Omelette-Making Championships.

die **Pommes frites**
[pɔm 'fʀɪt] *n*
the chips,
the French fries

Diese Engländer: Schütten Essig auf ihre Pommes frites!

These English people. Putting vinegar on their chips!

der **Imbiss**
['ɪmbɪs] *n*
the snack

der **Hamburger**
['hambʊrɡɐ] *n*
the hamburger

die **Pizza**
['pɪtsa] *n*
the pizza

das **Sandwich**
['zɛntvɪtʃ] *n*
the sandwich

das Frühstück
['fry:ʃtvk] *n*
the breakfast

Zeigst du mir nach dem Frühstück endlich deine Briefmarkensammlung?

Are you finally going to show me your stamp collection after breakfast?

reservieren
[REZER'vi:rən] *v*
to reserve, to book

Gerne reserviere ich Ihnen die Caligula-Suite.

I'd be happy to book the Caligula Suite for you.

den Tisch decken
['tɪʃ dɛkən] *phrase*
to set the table

Wenn ich die **Tische decke**, ist das fast wie eine Meditation.

When I'm setting the tables, it's almost like doing meditation.

das Mittagessen
['mɪta:k|ɛsən] *n*
the lunch

Tanja genießt das gemeinsame Mittagessen mit André.

Tanja enjoys having lunch with André.

das Abendessen
['a:bənt|ɛsən] *n*
the supper, the dinner

Schatzi, beeil dich mit dem Abendessen, die Flut kommt.

Hurry up with your dinner, darling. The tide's coming in.

frühstücken
['fry:ʃtvkən] *v*
to have breakfast

zu Mittag essen
[tsu: 'mɪta:k 'ɛsən] *phrase*
to have lunch

zu Abend essen
[tsu: 'a:bənt 'ɛsən] *phrase*
to have dinner

voll
[fɔl] *adj*
full

Kaum wird der Mond **voll**, sprießen mir die Haare und wachsen die Zähne.

As soon as the moon is full I sprout hair and my teeth start to grow.

leer
[leːɐ] *adj*
empty

Jeden Morgen müssen wir die **leeren** Flaschen wegbringen.

We have to get rid of the empty bottles every morning.

ohne
['oːnə] *prep*
without

Ich trinke meinen Kaffee **ohne** Zucker...

I take my coffee without sugar...

mit
[mɪt] *prep*
with

... obwohl, bei diesem hier doch lieber **mit**.

...but in this case I prefer it with.

Viel Spaß!
['fi:l 'ʃpa:s] *interj*
Have fun!

Egon ist auch auf der Party?
Na dann **viel Spaß**!

*Egon's also at the party?
Oh well then, have fun!*

War eine gute Idee, mit Heidi auszugehen. Das verspricht amüsant zu werden.

ausgehen
['ausge:ən] *v*
to go out

*Going out with Heidi was a good idea.
This promises to be funny.*

amüsant
[amy'zant] *adj*
funny

der Geburtstag
[gə'bu:etsta:k] *n*
the birthday

Sie hat **Geburtstag**, aber so richtig freuen kann sie sich nicht.

It's her birthday but she can't really enjoy it.

betrunken
[bə'trʊŋkən] *adj*
drunk

Am Ende von Helens Party waren wir alle **betrunken**.

At the end of Helen's party, we were all drunk.

das Geschenk
[gə'ʃɛŋk] *n*
the present

Ein Geschenk? Für mich? Danke, Omi!

A present? For me? Thanks, Grandma!

gratulieren
[gratu'li:rən] *v*
to congratulate

Ich darf Ihnen zu Ihrem Jodeldiplom **gratulieren**.

May I congratulate you on your yodelling diploma.

das Fest, die Party
[fɛst], ['pa:eti] *n*
the party

Unerkannt schlich sich der Tod auf Antons Halloween-Party.

Death was on the prowl incognito at Anton's Halloween party.

tanzen
['tantsən] *v*
to dance

Hey Dolly. That's the last time that guy's dancing with you…

Hey Dolly, das ist das letzte Mal, dass der Typ mit dir tanzt…

genießen
[gə'niːsən] *v*
to enjoy

rauchen
[ʀauxən] *v*
to smoke

Hier kann ich **rauchen** und darf es auch noch **genießen**.

Hier kann ich rauchen und darf es auch noch genießen.

sich amüsieren
[zɪç amy'ziːrən] *v*
to enjoy oneself

der Tanz
[tants] *n*
the dance

feiern
['faɪɐn] *v*
to celebrate

einen trinken gehen
[aɪnən 'tʀɪŋkən geːən] *phrase*
to go for a drink

die **Kunst**
[kʊnst] *n*
the art

Die **Kunst** ist eine Vermittlerin
des Unaussprechlichen.

*Art is a conduit for the
inexpressible.*

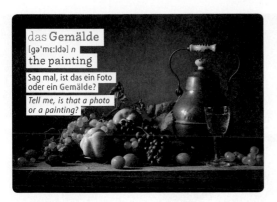

das **Gemälde**
[gəˈmɛːldə] *n*
the painting

Sag mal, ist das ein Foto
oder ein Gemälde?

*Tell me, is that a photo
or a painting?*

das **Atelier**
[atəˈljeː] *n*
the studio

Die Miete für Amelies Atelier
bezahlt Onkel Gustav.

*Uncle Gustav pays the rent
for Amelie's studio.*

zeichnen
[ˈtsaɪçnən] *v*
to draw

Larry liebt es, seinen Freund
zu zeichnen.

Larry loves drawing his friend.

die **Galerie**
[galəˈriː] *n*
the gallery

Die Galerie machte an diesem Tag
den halben Jahresumsatz.

*The gallery made half its annual
turnover that day.*

So wird aus
einer antiken
Figur moderne
Kunst.

*That's how you make
modern art out of an
ancient statue.*

modern
[moˈdɛʁn] *adj*
modern

antik
[anˈtiːk] *adj*
ancient

das **Bild**
[bɪlt] *n*
the picture

malen
[ˈmaːlən] *v*
to paint

zeigen
[ˈtsaɪɡən] *v*
to show

das **Werk**,
die **Arbeit**
[vɛʁk], [ˈaʁbaɪt] *n*
the work

das **Theater**
[te'a:te] *n*
the theatre

Das Meiste im **Theater** verstehe ich nicht, aber ich gucke gerne zu.

I don't understand most of what goes on at the theatre but I like to watch.

die **Bühne**
['by:nə] *n*
the stage

der **Film**
[fɪlm] *n*
the film

Schluss mit Hollywood. Ich mach' jetzt meinen eigenen Film.

I'm through with Hollywood. Now I'm going to make my own film.

das **Kino**
['ki:no] *n*
the cinema

Im Kino wird sie wenigstens satt.

At least she'll eat her fill at the cinema.

das **Theaterstück**
[te'a:teʃtʏk] *n*
the play

die **Vorstellung**, die **Aufführung**
['fo:eʃtɛlʊŋ], ['auffy:rʊŋ] *n*
the performance

inszenieren
[ɪnstse'ni:rən] *v*
to stage

die **Handlung**
['handlʊŋ] *n*
the plot

das **Buch**
[buːx] *n*
the book

Ich hatte das Gefühl, dass das Buch mich veränderte.

I had the feeling that the book was changing me.

lesen
['leːzən] *v*
to read

Nur der Scanner kann hier die Preise lesen.

Only the scanner gets to read the prices here.

der **Roman**
[ʀoˈmaːn] *n*
the novel

Wie hieß noch mal dieser Roman mit dem Wal?

What was that novel about the whale called again?

das **Märchen**
['mɛːeçən] *n*
the fairy tale

Der König hätte am liebsten in einem Märchen gelebt.

The king would have liked most of all to live in a fairy tale.

die **Bücherei,**
die **Bibliothek**
[byçəˈraɪ], [biblioˈteːk] *n*
the library

Jamie bekam daraufhin Hausverbot in der Bücherei.

Jamie was banned from the library after that.

der **Leser,**
die **Leserin**
['leːzɐ], ['leːzərɪn] *n*
the reader

der **Titel**
['tiːtəl] *n*
the title

die **Geschichte**
[gəˈʃɪçtə] *n*
the story

die **Erzählung**
[ɛɐˈtsɛːluŋ] *n*
the tale

Hey, die Kinder haben echt ein Gefühl für Musik.

die **Musik**
[mu'zi:k] *n*
the music

Hey, the kids have got a real feeling for music.

die **Stimme**
['ʃtɪmə] *n*
the voice

Unglaublich, was sie mit ihrer Stimme vermag.

It's unbelievable what she can do with her voice.

das **Konzert**
[kɔn'tsɛrt] *n*
the concert

Das war das tollste Konzert seines Lebens.

It was the most fantastic concert of his life.

die **Oper**
['oːpɐ] *n*
the opera

In dieser Oper verstehe ich den Text überhaupt nicht.

I don't understand the words to this opera at all.

singen
['zɪŋən] *v*
to sing

Gudrun **sang** die Brunhilde voll Inbrunst.

Gudrun sang the role of Brunhilde with great fervour.

die Stereoanlage
['ʃteːreoˌanlaːɡə] *n*
the stereo

Kennst du dich noch mit so Stereoanlagen aus?

Do you still know how to work things like stereos?

der Lautsprecher
['lautʃprɛçe] *n*
the loudspeaker

Einer dieser Lautsprecher müsste doch funktionieren.

One of these loudspeakers has got to work.

das Lied
[liːt] *n*
the song

Ich habe dir ein Lied geschrieben. Kommst du zu mir zurück?

I've written you a song. Will you come back to me

laut
[laut] *adv*
loud

Der Pfeifton in meinem Ohr ist seit den Bauarbeiten richtig laut geworden.

That whistling sound in my ear has got really loud since the construction work began.

leise
['laɪzə] *adv*
quiet

Seien Sie leise.
Die Chefin meditiert.

*Be quiet.
The boss is meditating.*

das **Instrument**
[ɪnstruˈmɛnt] *n*
das Instrument

Ich muss wahrscheinlich noch
ein anderes Instrument lernen.

*I should probably learn to play
another instrument.*

das **Klavier**
[klaˈviːɐ] *n*
the piano

Wenn Walter Klavier
spielt, ist Waldi sein
schärfster Kritiker.

*When Walter plays
the piano, Waldi
is his fiercest critic.*

das **Schlagzeug**
[ˈʃlaːktsɔyk] *n*
the drums

Mein Schlagzeug macht
mir die Haare schön.

*My drums make my hair
look beautiful.*

die **Gitarre**
[giˈtarə] *n*
the guitar

Nie wollte er Bauer werden,
er wollte immer nur Gitarre
spielen.

*He'd never wanted to be a
farmer. He'd only ever wanted
to play the guitar.*

die **Trommel**
[ˈtrɔməl] *n*
the drum

Die Trommel geht mir langsam
auf die Nerven.

*That drum is starting to get on
my nerves.*

das **Orchester**
['ɔʀkɛstɐ] *n*
the orchestra

Das **Orchester** war auf der Suche nach dem Rhythmus.

The orchestra was searching for the rhythm.

der **Bass**
[bas] *n*
the bass

die **Geige**,
die **Violine**
['gaɪgə], [vioˈliːnə] *n*
the violin

spielen
['ʃpiːlən] *v*
to play

die **Flöte**
['fløːtə] *n*
the flute

hoch
[hoːx] *adj*
high

Das **hohe** Zwitschern des Blaukehlchens…

The high twittering of the Bluethroat…

tief
[tiːf] *adj*
low

… wird prompt mit **tiefem** Röhren des See-Elefanten beantwortet.

…is promptly answered by the low roaring of the Elephant Seal.

SHOPPING

das Geschäft, der Laden
[gə'ʃɛft], ['la:dən] *n*
the shop

Ich möchte nicht wissen, was die Läden hier an Miete zahlen.

I wouldn't like to know how much the shops pay in rent here.

Tss. Was man in dieser Buchhandlung so alles unter Kinderbüchern versteht ...

die Buchhandlung
['buːxhandlʊŋ] *n*
the book shop

Tut tut. The things they call children's books in this book shop...

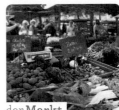

der Markt
[maʁkt] *n*
the market

Auf dieser Art von Markt herrscht noch Realwirtschaft.

The real economy still rules at this type of market.

die Bäckerei
[bɛkəˈraɪ] *n*
the bakery

In meiner Bäckerei gibt es kein Vollkornbrot! Basta!

My bakery doesn't have any wholemeal bread! That does it!

das Kaufhaus
['kaufhaus] *n*
the department store

Die Spielsachen sind aber in diesem Kaufhaus ganz oben ...

But the toys are right on the top floor of this department store...

der Supermarkt
['zuːpɐmaʁkt] *n*
the supermarket

Ich bin gerade im Supermarkt. Brauchst du was?

I'm just at the supermarket. Do you need anything?

das Lebensmittelgeschäft
['leːbənsmɪtəlɡəʃɛft] *n*
the grocery

das Schuhgeschäft
['ʃuːɡəʃɛft] *n*
the shoe shop

das Bekleidungsgeschäft
[bəˈklaɪdʊŋsɡəʃɛft] *n*
the clothes shop

die Einkaufstasche
['aɪŋkaufstaʃə] *n*
the shopping bag

Was hast du in deiner
Einkaufstasche? – In welcher?

*What have you got in your
shopping bag? – Which one?*

kaufen
['kaufən] *v*
to buy

Nein, Lennart, man **kauft** Kinder
doch nicht im Supermarkt.

*No, Lennart, you don't buy
children at the supermarket.*

geschlossen
[gə'ʃlɔsən] *adj*
closed

geöffnet, offen
[gə'|œfnət], [ɔfən] *adj*
open

Warum ist dieser Fensterladen
immer nur kurz **geöffnet**?

*Why is this shutter only
ever open for a short time?*

verkaufen
[fɛɐ'kaufən] *v*
to sell

Ganz diskret **verkaufte** Christina
ihren Hochzeitsschmuck.

*Christina sold her wedding
jewellery very discreetly.*

der Einkaufszettel
['aɪnkaufstsɛtəl] *n*
the shopping list

Tanjas **Einkaufszettel** ist digital,
weil sie ihn so nicht verliert.

*Tanja's shopping list is digital
because that way she can't
lose it.*

aussuchen
['auszu:xən] *v*
to choose

Man muss sich seine Freunde
sorgfältig **aussuchen**.

*You have to choose your
friends carefully.*

vollständig
['fɔlʃtɛndɪç] *adj*
complete

Klein, aber **vollständig**!

Small but complete!

ausverkauft
['ausfɛɐkauft] *adj*
sold out

Das Vollkornbrot war wider
Erwarten **ausverkauft**.

*The wholemeal bread was
unexpectedly sold out.*

neu
[nɔy] *adj*
new

Mein **neues** Auto. Bald.
Ich fange schon an zu sparen.

*My new car. Or it soon will be.
I've already started saving up.*

gebraucht
[gə'brauxt] *adj*
second-hand

Hier gibt's sogar
gebrauchte Glühbirnen!

*You can even get second-
hand light bulbs here!*

bedienen
[bə'di:nən] *v*
to serve

der Verkauf
[fɛɐ'kauf] *n*
the sale

der Kauf
[kauf] *n*
the acquisition

das Angebot
['angəbo:t] *n*
the offer

billig
['bɪlɪç] *adj*
cheap

In Rom hatten wir Gott sei Dank ein billiges Hotel gefunden.

Thank God we'd found a cheap hotel in Rome.

die Reklamation
[ʀeklamaˈtsjoːn] *n*
the complaint

Viktoria hatte eine Reklamation wegen der Tassengröße.

Viktoria made a complaint about the size of the cup.

War deine Nasen-OP auch so teuer?

teuer
['tɔye] *adj*
expensive

Was your nose job so expensive too?

die (Warte)Schlange
['(vaʀtə)ʃlaŋə] *n*
the queue

An der Herrentoilette war wieder mal eine lange Schlange.

There was a long queue for the gents again.

kosten
['kɔstən] *v*
to cost

reklamieren
[reklaˈmiːrən] *v*
to query

Was kostet ...?
['vas 'kɔstət ...] *phrase*
How much is...?

die Quittung, der Beleg
['kvɪtʊŋ], [bəˈleːk] *n*
the receipt

ausgeben
['aʊsge:bən] v
to spend

Wollen Sie wirklich alle Gold-
Nuggets für Seife **ausgeben**?

*Do you really want to spend all
your gold nuggets on soap?*

der Preis
[praɪs] n
the price

Warte bis es hagelt, dann sinkt
der **Preis**.

*Wait until it's hailing, then the
price will go down.*

umtauschen
['ʊmtaʊʃən] v
to exchange

Ich möchte diese Euros
umtauschen – die Farbe
gefällt mir nicht.

*I'd like to exchange these
euros – I don't like the colour.*

die Kasse
['kasə] n
the checkout,
the cash desk

Verehrte Kunden, **Kasse** 17
schließt. Bitte benutzen
Sie eine andere **Kasse**.

*Customer information.
Checkout 17 is closing. Please
use another checkout.*

der **Sport**
[spɔːt] *n*
the sport

Sport ist mein ganzes Leben.
Sport is my whole life.

rennen, laufen
['rɛnən], ['laufən] v
to run

Lauf schneller, der Pfarrer holt auf.

Run faster. The vicar's catching up.

trainieren
[trɛ'niːrən] v
to train

Oleg **trainiert** für seine Rolle als Rocky VIII.

Oleg is training for his role as Rocky VIII.

das Rennen
['rɛnən] n
the race

Alina hängt bei jedem **Rennen** alle anderen ab.

Alina leaves everyone else trailing in every race.

der Spieler, die Spielerin
['ʃpiːlɐ], ['ʃpiːlərɪn] n
the player

Gegen **Spieler** aus Fleisch und Blut tue ich mich leichter.

I find it easier against players made of flesh and blood.

fast, beinahe
[fast], ['baɪnaːə] adv
almost

Beinahe wäre ich Zweiter geworden.

I almost came second.

der Ball
[bal] *n*
the ball

Dirk macht mit dem Ball, was er will.

Dirk can do anything with the ball.

das Spiel, das Match
[ʃpiːl], [mɛtʃ] *n*
the game, the match

Das Spiel gegen die Mädels drohte persönlich zu werden.

The match against the girls was threatening to get personal.

springen
['ʃprɪŋən] *v*
to jump

Wenn Willi springt, sieht es so aus, als könne er fliegen.

When Willi jumps, it looks as if he can fly.

fangen
['faŋən] *v*
to catch

Der Löwe hatte eine überraschende Technik, um seine Beute zu fangen.

The lion had a surprising technique for catching its prey.

reiten
['raɪtən] *v*
to ride

Ich wollte immer auf einem Elefanten reiten – nie wieder!

I've always wanted to ride an elephant – never again!

Ski laufen
['ʃiː laufən] *phrase*
to go skiing

Wir gehen immer zu Ostern Ski laufen.

We always go skiing at Easter.

die Wanderung
['vandərʊŋ] *n*
the hike

Ich bin jetzt doch froh, dass ich
bei der Wanderung dabei bin.

*Now I'm glad I came on this
hike after all.*

langsam
['laŋzaːm] *adj*
slow

Ich bin nicht zu langsam.
Ihr seid zu ungeduldig.

*It's not me that's too slow.
It's you that's too impatient.*

schnell
[ʃnɛl] *adj*
fast

Martin muss wieder mit seinem
schnellen Boot angeben.

*Martin has to show off in his
fast boat again.*

werfen
['vɛrfən] *v*
to throw

Hendrik wirft sein achtes Tor!

Hendrik throws his eighth goal!

Fußball
['fuːsbal] *n*
football

Fußball ist auch vom
Spielfeldrand aus ganz schön.

*Football is also very nice
from the touchline.*

der Gegner,
die Gegnerin
['geːgnɐ], ['geːgnərɪn] *n*
the opponent

das Tor
['toːɐ] *n*
the goal

schießen
['ʃiːsən] *v*
to shoot

der Wettkampf
['vɛtkampf] *n*
the competition

schwimmen
['ʃvɪmən] *v*
to swim

Ich nehme meine Ente immer mit,
wenn ich schwimmen gehe.

*I always take my duck
swimming with me.*

das Schwimmbad
['ʃvɪmbaːt] *n*
the swimming pool

Hunde sind im Schwimmbad
eigentlich verboten.

*Dogs aren't really allowed in
the swimming pool.*

der **Start**
[ʃtart] *n*
the start

Er verlor schon beim Start zwei Sekunden.

He lost two seconds already at the start.

der **Sieger,**
die **Siegerin**
['zi:gɐ], ['zi:gərɪn] *n*
the winner

Der Sieger bekommt ein 24-teiliges Kaffeeservice.

The winner receives a 24-piece coffee service.

das **Ziel**
[tsi:l] *n*
the finish

Mit letzter Kraft erreichte Andreas das Ziel.

Andreas reached the finish on his last legs.

der **Verlierer,**
die **Verliererin**
[fɛɐ'li:rɐ], [fɛɐ'li:rərɪn] *n*
the loser

Findet euch damit ab: Ihr seid die Verlierer.

You're the losers. Deal with it.

berühmt
[bə'ry:mt] *adj*
famous

Diese Nase ist seit über 3000 Jahren berühmt.

This nose has been famous for over 3000 years.

der **Sieg**
[zi:k] *n*
the victory

gewinnen
[gə'vɪnən] *v*
to win

die **Niederlage**
['ni:dela:gə] *n*
the defeat

verlieren
[fɛɐ'li:rən] *v*
to lose

> Schade, dass man nur vom Spielfeldrand aus fotografieren darf.

fotografieren
[fotoɡʁa'fiːʁən] *v*
to take pictures

Pity you're only allowed to take pictures from the touchline.

die Freizeit
['fʁaɪtsaɪt] *n*
the free time

Lass mich – ich kann in meiner Freizeit machen, was ich will.

Leave me alone – I can do what I like in my free time.

der Fotoapparat
['foːtoǀapaʁaːt] *n*
the camera

Mein Fotoapparat kann auch telefonieren.

My camera can also make phone calls.

das Motiv
[moˈtiːf] *n*
the subject

Ich hab' ein wirklich einzigartiges Motiv gefunden.

I've found a totally unique subject.

der Blitz
[blɪts] *n*
the flash

Ich liebe es, wenn die Blitze um mich herum aufleuchten.

I love it when the flashes are going off all around me.

spielen
['ʃpiːlən] v
spielen

Wenn Lara mit ihrer Katze **spielt**, ist sie gern ein bisschen gemein.

Lara likes to be a little bit mean when she plays with her cat.

das **Spiel**
[ʃpiːl] n
the game

Hätte ich nicht gedacht, dass ihr an so einem Spiel Spaß habt …

I wouldn't have thought you'd have enjoyed a game like that…

das **Glück**
[glʏk] n
the luck

Das **Glück** ließ Hannes auch diesmal nicht im Stich.

His luck hadn't deserted Hannes this time either.

der **Würfel**
['vʏrfəl] n
the dice

Blaue **Würfel** bringen mir immer Glück.

Blue dice always bring me luck.

das **Pech**
[pɛç] n
bad luck

Das war aber jetzt **Pech**. Probier's einfach noch mal.

That was just bad luck. Have another go.

einen Spaziergang machen

[aɪnən ʃpaˈtsiːeɡaŋ maxən] *phrase*

to go for a walk

Emma trifft immer nette Leute, wenn sie **einen Spaziergang macht**.

Emma always meets nice people when she goes for a walk.

angeln

[ˈaŋəln] *v*

to fish

Wer **angeln** will, muss stillhalten können, Patrick.

If you want to fish, you have to be able to keep still, Patrick.

basteln

[ˈbastəln] *v*

to do handicrafts

Anna-Marie **bastelt** mit großem Ernst.

Anna-Marie takes doing handicrafts very seriously.

das Werkzeug

[ˈvɛʁktsɔʏk] *n*

the tool

Im Gebrauch von Werkzeug zeigt sich die Intelligenz.

The use of tools is a sign of intelligence.

das Taschenmesser

[ˈtaʃənmɛsɐ] *n*

the pocket knife

Er war so stolz: Sein Taschenmesser hatte 27 Werkzeuge.

He was so proud. His pocket knife had 27 tools.

die **Welt**

[vɛlt] *n*

the world

Meine Reise um die **Welt** war
schon nach zwei Wochen
beendet – hier wollte ich bleiben!

*My world tour ended after just
two weeks – I wanted to stay here!*

THE
WIDE
WORLD

die **Reise**
[ʀaɪzə] *n*
the journey

Luxus war uns auf unserer
Reise immer wichtig.

*Luxury always mattered to
us on our journey.*

das **Reisebüro**
['raɪzebyroː] *n*
the travel agency

Tut mir leid, unser Reisebüro ist
auf Sibirien-Touren spezialisiert.

*I'm terribly sorry, but our
travel agency specializes in
tours of Siberia.*

die **Landkarte**
['lantkartə] *n*
the map

Ein Wunder: man berührt nur die
Landkarte und schon geht's los!

*It's incredible, you just touch the
map and off you go!*

der **Urlaub**,
die **Ferien**
['uːelaup], [feːʀiən] *n*
the holiday

Ich! brauche! Urlaub!

I so need a holiday!

der **Tourist**,
die **Touristin**
[tu'rɪst], [tu'rɪstɪn] *n*
the tourist

Das können nur Touristen sein.

They just have to be tourists.

Wenn du diese
Reise buchst,
storniere ich sie
sofort wieder.

stornieren
[ʃtɔʀ'niːʀən] *v*
to cancel

*If you book that trip, I'll
cancel it straight away.*

buchen
['buːxən] *v*
to book

der **Koffer**
['kɔfe] *n*
the (suit)case

In dem Koffer fährt mein Bruder
umsonst mit.

*My brother's travelling with me
free of charge in the suitcase.*

packen
['pakən] *v*
to pack

Immer, wenn ich den Koffer
packe, fehlt eine Socke.

*Whenever I pack my case,
there's always a sock missing.*

reisen
['raɪzən] *v*
to travel

der **Tourismus**
[tu'rɪsmʊs] *n*
the tourism

touristisch
[tu'rɪstɪʃ] *adj*
tourist

das **Gepäck**
[gə'pɛk] *n*
the luggage

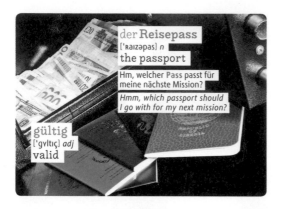

der Reisepass
['ʀaɪzəpas] *n*
the passport

Hm, welcher Pass passt für meine nächste Mission?

Hmm, which passport should I go with for my next mission?

gültig
['ɡʏltɪç] *adj*
valid

das Hotel
[ho'tɛl] *n*
the hotel

Schick: Hier im Hotel leiste ich mir immer den Zimmerservice.

Classy or what? I always splash out on room service when I'm staying at this hotel.

ankommen
['ankɔmən] *v*
ankommen

Kaum angekommen, ist Ferdinand schon wieder abgereist. Meinetwegen braucht er gar nicht mehr zurückzukommen.

Ferdinand left almost as soon as he arrived. He might as well not bother returning, for all I care.

abreisen
['apʀaɪzən] *v*
to leave

zurückkommen
[tsu'ʀʏkkɔmən] *v*
to return

die **Jugendherberge**
[juːgənthɛrˈbɛrgə] *n*
the youth hostel

Eine Jugendherberge in seinem Schloss hätte dem Herrn Grafen gar nicht gefallen.

The count would have been appalled at the idea of a youth hostel in his castle.

ausgebucht
[ˈausgəbuːxt] *adj*
full

Alle Hotels sind ausgebucht.
All the hotels are full.

das **Zelt**
[tsɛlt] *n*
the tent

Hast du Idiot etwa den Honig im Zelt gelassen?
You idiot, you didn't leave the honey in the tent, did you?

der **Schlafsack**
[ˈʃlaːfzak] *n*
the sleeping bag

die **Rezeption**
[ʀɛtsɛpˈtsjoːn] *n*
the reception

Bevor er verschwand, hinterließ er ihr noch eine Nachricht an der Rezeption.
Before he took off, he left a message for her with reception.

der **Personalausweis**
[pɛrzoˈnaːlausvais] *n*
the identity card

der **Campingplatz**
[ˈkɛmpɪŋplats] *n*
the campsite

das **Doppelzimmer**
[ˈdɔpəltsɪmɐ] *n*
the double room

das **Einzelzimmer**
[ˈaintsəltsɪmɐ] *n*
the single room

die **Führung**
['fy:rʊŋ] *n*
the guided tour

Die Führung war in Rekordzeit beendet, danach gab's endlich Kaffee.

After finishing the guided tour in record time, they finally had some coffee.

führen
['fy:rən] *v*
to lead

besichtigen
[bə'zɪçtɪgən] *v*
to visit

Wir wollten noch das Schloss **besichtigen** – aber zu spät.

We wanted to visit the castle too, but we were too late.

die **Moschee**
[mɔ'ʃe:] *n*
the mosque

Die Hagia Sophia wurde nach 1453 zur Moschee umgebaut, ...

After 1453, the Hagia Sophia was converted into a mosque,...

die **Synagoge**
[zyna'go:gə] *n*
the synagogue

... die Jerusalem-Synagoge in Prag wurde 1906 vollendet, ...

...Prague's Jerusalem Synagogue was completed in 1906,...

die **Kirche**
['kɪrçə] *n*
the church

... die Kirche von Ronchamp wurde 1955 eingeweiht, ...

...the church at Ronchamp was consecrated in 1955,...

der **Dom**,
die **Kathedrale**
[do:m], [kathe'dra:lə] *n*
the cathedral

... am Kölner Dom hängen immer noch die Gerüste.

...Cologne Cathedral is still covered in scaffolding.

das **Museum**
[mu'ze:ʊm] *n*
the museum

Ist das noch ein Museum oder selbst schon Kunst?

Is this really still a museum, or is it a work of art in its own right?

der **Ausflug**
['ausfluːk] *n*
the trip

Der Ausflug ging nur in den Stadtpark, war aber super!

Although the trip was only to the town park, we had a really great time!

der **Turm**
[tʊrm] *n*
the tower

Jetzt ist der schiefe Turm doch noch umgekippt.

The leaning tower has finally fallen over.

der **Palast,**
das **Schloss**
[paˈlast], [ʃlɔs] *n*
the palace

Hier wohnst du, Felipe? Das ist ja ein Palast!

You live here, Felipe? It's a palace!

die **Burg**
[bʊrk] *n*
the castle

Auf dieser Burg hat vor 500 Jahren schon der Highlander gefroren.

The Highlander was already freezing to death in this castle 500 years ago.

Island
['i:slant] *n*
Iceland

Kanada
['kanada] *n*
Canada

NORDAMERIKA
[nɔrt|a'me:rika] *n*
NORTH AMERICA

EUROPA
[ɔy'ro:pa] *n*
EUROPE

die Vereinigten Staaten,
die USA
[fɛɐ'|aɪnɪçtə 'ʃta:tən], [u:|ɛs'|a:] *n*
the United States

Marokko
[ma'rɔko] *n*
Morocco

Mexiko
['mɛksiko] *n*
Mexico

SÜDAMERIKA
[zy:t|a'me:rika] *n*
SOUTH AMERICA

Brasilien
[bra'zi:liən] *n*
Brazil

Chile
['çi:le] *n*
Chile

Argentinien
[argɛn'ti:niən] *n*
Argentina

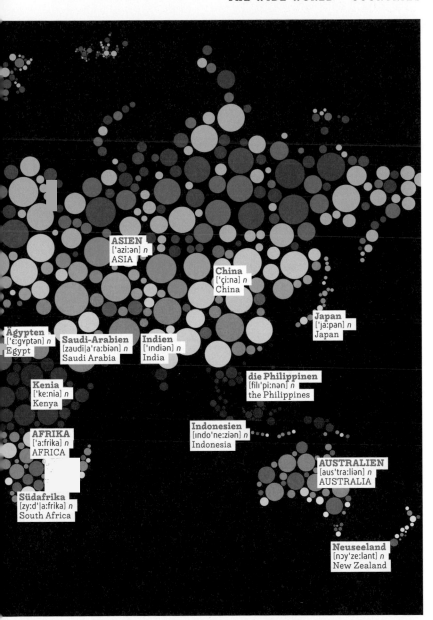

ASIEN
[ˈaːziːən] *n*
ASIA

China
[ˈçiːna] *n*
China

Japan
[ˈjaːpan] *n*
Japan

Ägypten
[ˈɛːɡʏptən] *n*
Egypt

Saudi-Arabien
[zaudiˌaˈraːbiən] *n*
Saudi Arabia

Indien
[ˈɪndiən] *n*
India

die Philippinen
[filɪˈpiːnən] *n*
the Philippines

Kenia
[ˈkeːnia] *n*
Kenya

Indonesien
[ɪndoˈneːziən] *n*
Indonesia

AFRIKA
[ˈaːfrika] *n*
AFRICA

AUSTRALIEN
[ausˈtraːliən] *n*
AUSTRALIA

Südafrika
[zyːdˈʔaːfrika] *n*
South Africa

Neuseeland
[nɔyˈzeːlant] *n*
New Zealand

Norden
['nɔrdən] *n*
North

Westen
['vɛstən] *n*
West

Osten
['ɔstən] *n*
East

Süden
['zy:dən] *n*
South

Schweden
['ʃve:dən] *n*
Sweden

Norwegen
['nɔrve:gən] *n*
Norway

1) Slowakei
[slova'kaɪ] *n*
Slovakia

2) Ungarn
['ʊngarn] *n*
Hungary

3) Slowenien
[slo've:niən] *n*
Slovenia

4) Serbien
['zɛrbiən] *n*
Serbia

5) Bosnien-Herzegowina
['bɔsniən hɛrtse'go:vina] *n*
Bosnia-Herzegovina

6) Mazedonien
[matse'do:niən] *n*
Macedonia

7) Albanien
[al'ba:niən] *n*
Albania

8) Litauen
['li:tauən] *n*
Lithuania

9) Moldawien
[mɔl'da:viən] *n*
Moldova

Großbritannien
['gro:sbritaniən] *n*
Great Britain

Dänemark
['dɛ:nəmark] *n*
Denmark

Irland
['ɪrlant] *n*
Ireland

Niederlande
['ni:delandə] *n*
Netherlands

Deutschland
['dɔytʃlant] *n*
Germany

Polen
['po:lən] *n*
Poland

Belgien
['bɛlgiən] *n*
Belgium

Tschechien
['tʃɛçiən] *n*
Czechia

Österreich
['ø:stəraɪç] *n*
Austria

Frankreich
['fraŋkraɪç] *n*
France

Schweiz
[[vaɪts] *n*
Switzerland

Kroatien
[kro'a:tsiən] *n*
Croatia

Spanien
['ʃpa:niən] *n*
Spain

Italien
[i'ta:liən] *n*
Italy

Portugal
['pɔrtugal] *n*
Portugal

1
2
3
4
5
6
7

Finnland
['fɪnlant] n
Finland

Estland
['ɛstlant] n
Estonia

Russland
['rʊslant] n
Russia

Lettland
['lɛtlant] n
Latvia

8

Weißrussland
['vaɪsrʊslant] n
Belarus

Ukraine
[ukra'i:nə] n
Ukraine

9

Rumänien
[ru'mɛːniən] n
Romania

Bulgarien
[bʊl'gaːriən] n
Bulgaria

Türkei
[tʏr'kaɪ] n
Turkey

Griechenland
['griːçənlant] n
Greece

deutsch
[dɔʏtʃ] adj
German

Deutsches Frühstück: Kaffee,
Brötchen, Butter, Marmelade

*A German breakfast:
coffee, bread rolls, butter
and jam*

französisch
[fran'tsøːzɪʃ] adj
French

Französisches Frühstück:
Kaffee, Croissant

*A French breakfast:
coffee and a croissant*

englisch
['ɛŋlɪʃ] adj
English

Englisches Frühstück:
Speck, Eier, Bohnen

*An English breakfast:
bacon, eggs and baked beans*

spanisch
['ʃpaːnɪʃ] adj
Spanish

Spanisches Frühstück:
Churros, Trinkschokolade

*A Spanish breakfast:
churros and drinking chocolate*

norwegisch
['nɔrveːgɪʃ] adj
Norwegian

belgisch
['bɛlgɪʃ] adj
Belgian

portu-
giesisch
[pɔrtu'giːzɪʃ] adj
Portuguese

schwedisch
['ʃveːdɪʃ] adj
Swedish

schweize-
risch
['ʃvaɪtsərɪʃ] adj
Swiss

russisch
['rʊsɪʃ] adj
Russian

irisch
['iːrɪʃ] adj
Irish

italienisch
[ita'lieːnɪʃ] adj
Italian

polnisch
['pɔlnɪʃ] adj
Polish

holländisch
['hɔlɛndɪʃ] adj
Dutch

griechisch
['griːçɪʃ] adj
Greek

tschechisch
['tʃɛçɪʃ] adj
Czech

TRANSPORT

der **Verkehr**
[fɛɐ'keːɐ] *n*
the traffic

Die größte Gefahr im Verkehr
sind Autos, die schneller fahren,
als ihr Fahrer denken kann.

*The greatest danger in traffic
is cars that go faster than their
drivers can think.*

das **Auto**
['auto] n
the car

Was denn? Du wolltest doch ein Auto zum 18. Geburtstag.

What's the matter? You said you wanted a car for your 18th birthday.

das **Motorrad**
[mo:'to:era:t] n
the motorbike

Als ich „**Motorrad**" hörte, hatte ich schon Angst, du wärst ein Rocker.

When I heard you mention your motorbike, I was worried you might be a rocker.

das **Taxi**
['taksi] n
the taxi

Taxi, Señor? Sie müssten nur etwas schieben helfen.

Taxi, señor? All you have to do is help give us a push-start.

das **Fahrrad**
['fa:era:t] n
the bicycle, the bike

Komm' ich mit meinem Fahrrad, springen die Leute zur Seite.

When I come along on my bike, people jump out of my way.

Das ist ein Bibliotheks- ausweis, Sir, kein Führer- schein!

der **Führerschein**
['fy:reʃaɪn] n
the driving licence

This is a library card, sir, not a driving licence!

der **Fahrer,**
die **Fahrerin**
['fa:re], ['fa:rərɪn] n
the driver

fahren
['fa:rən] v
to drive

die **Strecke**
['ʃtrɛkə] n
the route

Die Strecke am Fluss entlang ist länger, dafür die schönere.

The route along the river is longer but more scenic.

die **Tankstelle**
['taŋkʃtɛlə] *n*
the filling station

Benzin verkauft er kaum an der Tankstelle, aber die Filmteams stehen Schlange.

He doesn't sell much petrol at his filling station, but he has film crews queuing up.

das **Benzin**
[bɛnˈtsiːn] *n*
the petrol

der **Diesel**
[ˈdiːzəl] *n*
the diesel

die **Straße**
[ˈʃtraːsə] *n*
the street

Straßen sind die Lebensadern der Stadt – mit Infarktrisiko.

The streets are the arteries of the city – complete with the danger of a heart attack.

die **(Land)Straße**
[ˈlantʃtraːsə] *n*
the road

Aus Gründen der Sicherheit sollten die Bäume an dieser Straße gefällt werden.

The trees along this road should be felled for safety reasons.

wenden
[ˈvɛndən] *v*
to turn around, to make a U-turn

Wer wollte denn unbedingt **wenden**?

Who was it that insisted on turning around?

die **Kreuzung**
[ˈkrɔʏtsʊŋ] *n*
the crossroads

Wenn der Propeller jetzt aussetzt, stürzen wir direkt auf die **Kreuzung**.

If the propeller packed in now, we would crash right into the middle of the crossroads.

die **Autobahn**
[ˈautobaːn] *n*
the motorway

So herrlich leer ist die **Autobahn** nur selten.

The motorway is very rarely as lovely and empty as this.

der **Reifen**
[raɪfən] *n*
the tyre

Muss man den Reifen vor dem
Aufpumpen nicht erst flicken?

*Aren't you supposed to patch
the tyre before you pump it up?*

der **Parkplatz**
['parkplats] *n*
the car park

parken
['parkən] *v*
to park

Auf dem ganzen Parkplatz war
kein einziger Platz mehr frei.

*There wasn't a single space
in the whole car park.*

die **Ampel**
['ampəl] *n*
the traffic
lights

Fast hätte ich die
Ampel übersehen.

*I almost didn't see the
traffic lights.*

(an)halten
['(an)haltən] *v*
to stop

verbrauchen
[fɛ'brauxən] *v*
to use

Daddy hat ihn mir geschenkt,
keine Ahnung, was er
verbraucht.

*Daddy gave it to me as a
present, I haven't a clue how
much fuel it uses.*

der **Gehweg**
['ge:ve:k] *n*
the pavement

Dein holder Gang veredelt selbst
den langweiligsten Gehweg.

*You make even the dullest pave-
ment look good when you walk
along it with your graceful gait.*

die **Brücke**
['brʏkə] *n*
the bridge

Ohne die Brücke ging es tatsächlich schneller.

It was actually quicker without the bridge.

die **Eisenbahn**
['aɪzənbaːn] *n*
the railway

So begann die Karriere meines Vaters bei der Eisenbahn.

And that was how my dad's career on the railways began.

die **Fahrkarte**
['faːekaʁtə] *n*
the ticket

Seine Sammlung alter Fahrkarten ist heute richtig was wert.

His collection of old tickets is now worth a fortune.

verpassen
[fɛɐ'pasən] *v*
to miss

Verdammt! Zug verpasst ... der nächste fährt in drei Tagen.

Damn! I missed the train...and the next one isn't for three days.

der **Fahrplan**
['faːɐplaːn] *n*
the timetable

Du liest den Fahrplan? Hast du keine App?

What are you reading the timetable for? Haven't you got an app?

die **Ankunft**
['ankʊnft] *n*
the arrival

Genau so habe ich mir meine Ankunft vorgestellt.

This was exactly how I imagined my arrival.

die **Abfahrt**
['apfaːɐt] *n*
the departure

Die Abfahrt des Zuges verzögert sich um wenige Minuten.

The train's departure will be delayed by a few minutes.

der **Bahnhof**
['baːnhoːf] *n*
the station

This is a passenger announcement. This station will be closing for renovation. The last train will depart from platform 13. We regret to announce that the on-board air-conditioning is out of order. Thank you for your understanding.

Verehrte Fahrgäste. Wegen Umbauarbeiten wird dieser Bahnhof gesperrt. Der letzte Zug fährt von Gleis 13. Die Klimaanlage im Zug ist leider ausgefallen. Wir danken Ihnen für Ihr Verständnis.

der **Zug**
[tsuːk] *n*
the train

der **Bahnsteig,**
das **Gleis**
['baːnʃtaɪk], [glaɪs] *n*
the platform

der **(Sitz)Platz**
[('zɪts)plats] *n*
the seat

Komm rein, Liebling, es ist ein Platz frei geworden.

Come in, dear, there's a free seat now.

direkt
[diˈrɛkt] *adj*
direct

Ich habe eine direkte Verbindung bis ans Meer.

I have a direct connection to the seaside.

der **Anschluss**
['anʃlʊs] *n*
the connection

umsteigen
['ʊmʃtaɪɡən] *v*
to change trains

das **Abteil**
[apˈtaɪl] *n*
the compartment

der **Schaffner,**
die **Schaffnerin**
['ʃafnɐ], ['ʃafnərɪn] *n*
the conductor

die **Straßenbahn**
['ʃtraːsənbaːn] *n*
the tram

In Hongkong sind die Straßenbahnen doppelstöckig.

In Hong Kong, they have double-decker trams.

die **Haltestelle**
['haltəʃtɛlə] *n*
the (bus) stop

Wie gut, dass diese Haltestelle wetterfest ist.

Thank God this bus stop is weatherproof.

der **Bus**
[bus] *n*
the bus

Auf dem Dach des Busses war die Luft deutlich besser.

The air was much fresher on the roof of the bus.

die **Zeitkarte**
['tsaɪtkartə] *n*
the season ticket

die **Flug-gesellschaf**
['fluːkɡəzɛlʃaft] *n*
the airline

der **Flugplan**
['fluːkplaːn] *n*
the schedule

die **U-Bahn**
['uːbaːn] *n*
the underground, the subway

Ich bin ganz froh, dass die U-Bahn nicht immer im Untergrund fährt.

I'm really glad the underground doesn't always run underground.

der **Flughafen**
['flu:kha:fən] *n*
the airport

Am Flughafen darf man keinen Koffer rumstehen lassen, haben sie durchgesagt.

There was an announcement saying you shouldn't leave your baggage unattended at the airport.

der **Flug**
[flu:k] *n*
the flight

Typisch! Nur mein Flug hat mal wieder Verspätung.

Typical! My flight is the only one that's delayed again.

starten
['ʃtartən] *v*
to take off

Ihre Band startete wie eine Rakete.

Their band took off like a rocket.

fliegen
['fli:gən] *v*
to fly

Aaron und Henry flogen die kühnsten Loopings über der Savanne.

Aaron and Henry flew some death-defying loop-the-loops over the savannah.

landen
['landən] *v*
to land

Bitte warten Sie mit dem Applaus, bis die Maschine gelandet ist.

Please don't start clapping until the plane has actually landed.

das **Flugzeug**
['flu:ktsɔʏk] *n*
the plane

Im Flugzeug spielt der Pilot am liebsten an den vielen Knöpfchen herum.

When he's on board the plane, there's nothing the pilot likes better than playing with all the little buttons.

das **Schiff**
[ʃɪf] *n*
the ship

Dieses Schiff ist
unsinkbar.

*This ship
is unsinkable.*

sinken
['zɪŋkən] *v*
to sink

das **Boot**
[boːt] *n*
the boat

In seinem Boot fühlte er sich
wie bei Miami Vice.

*His boat made him feel like
he was in Miami Vice.*

der **Hafen**
['haːfən] *n*
the port

die **Fähre**
['fɛːrə] *n*
the ferry

Der Brücke traue ich nicht,
ich nehme lieber die Fähre.

*I don't trust the bridge, I think
I'll take the ferry instead.*

überleben
[y:be'le:bən] *v*
to survive

Schutzanzüge können durchaus helfen zu **überleben**.

Protective suits can definitely help you survive.

plötzlich
['plœtslɪç] *adv*
suddenly

Anton hatte **plötzlich** eine super Idee.

Anton suddenly had a brilliant idea.

zusammenstoßen
[tsu'zamənʃto:sən] *v*
to crash, to collide

Du Riesenrindvieh! Wir wären um ein Haar **zusammengestoßen**!

You stupid idiot! We were a hair's breadth away from crashing there!

der
Zusammenstoß
[tsu'zamənʃto:s] *n*
the crash

abstürzen
['apʃtʏrtsən] *v*
to crash, to fall down

retten
['rɛtən] *v*
to rescue

der **Unfall**
['ʊnfal] *n*
the accident

Das hab' ich nicht absichtlich gemacht, das war ein **Unfall**.

I didn't do it on purpose, it was an accident.

ANIMALS & PLANTS

das **Tier**

[tiːe] *n*

the animal

Nein Mia, die können wir nicht mitnehmen – Tiere gehören nicht in die Wohnung!

No Mia, we can't take them home – animals don't belong in the house!

die **Kuh**
[ku:] *n*
the cow

Dieses Kalb säuft mir die
ganze Milch meiner Kuh weg!

*That calf is drinking up
all my cow's milk!*

das **Kalb**
[kalp] *n*
the calf

das **Schwein**
[ʃvaɪn] *n*
the pig, the hog

Im Leben muss man eben
manchmal ein Schwein sein.

*Sometimes you should live
life like a pig.*

das **Pferd**
['pfe:et] *n*
the horse

Ich hab' heute wieder aufs
falsche Pferd gesetzt.

*I bet on the wrong horse again
today.*

der **Hund**
[hʊnt] *n*
the dog

Mein Hund kommt sofort, wenn
ich die Dose öffne.

*My dog comes running as soon
as I open the tin.*

die **Ziege**
['tsi:gə] *n*
the goat

Ziegen, die auf Bäume klettern?
Glaub' ich nicht!

*Goats that climb up trees?
Pull the other one!*

das **Schaf**
[ʃa:f] *n*
the sheep

Die Schafe starrten mich böse
an, als ich die Kamera zückte.

*The sheep stared at me angrily
when I got my camera out.*

die **Wolle**
['vɔlə] *n*
the wool

Die Wolle hat auch noch für
ein prima Mützchen gereicht.
Danke Mami!

*There was enough wool left
over to make a lovely little hat.
Thank you so much, Mummy!*

die **Maus**
[maus] *n*
the mouse

die **Katze**
['katsə] *n*
the cat

Noch fühlt sich die Maus
sicher, aber die Katze
hat alle Zeit der Welt …

The mouse still feels safe,
but the cat has all the time
in the world…

der **Vogel**
['fo:gəl] *n*
the bird

Vögel frieren nicht so schnell
an den Füßen wie Menschen.

Birds' feet don't freeze as quickly
as people's.

der **Fisch**
['fɪʃ] *n*
the fish

Den Fisch von meinem Sushi
mag ich am liebsten gut
durchgebraten.

I prefer the fish in my sushi
to be well fried.

das **Huhn**
[hu:n] *n*
the chicken

Sag mal, Mama, müssen alle
Hühner nach Kentucky?

Mummy, do all chickens have to
go to Kentucky?

das **Gras**
[gra:s] *n*
the grass

Das Gras unter den Füßen
spüren – endlich ist Sommer!

I can feel the grass under my
feet again – it's summer at last!

die **Rose**
['ro:zə] *n*
the rose

Die Nummer mit der Rose haben
wir aus einem Film geklaut.

We pinched the number with
the rose from a film.

die **Blume**
['blu:mə] *n*
the flower

Das Geschäft mit Blumen floriert.

The flower business is flourishing.

das Blatt
[blat] *n*
the leaf

der Baum
[baum] *n*
the tree

Auf diesen Baum bin ich schon als Mädchen geklettert. Aber da waren wir beide noch kleiner.

I used to climb up this tree when I was a girl. But we were both a lot smaller back then.

der Zweig, der Ast
[tsvaɪk], [ast] *n*
the branch

das Holz
[hɔlts] *n*
the wood

Mitten im Wald bauten wir ein Baumhaus aus Holz.

We built a treehouse out of wood in the middle of the forest.

die Baumwolle
['baumvɔlə] *n*
the cotton

Die Baumwolle dürfte für ein paar T-Shirts reichen.

There should be enough cotton for a couple of T-shirts.

das Getreide
[gə'traɪdə] *n*
the grain

Die Deutschen backen aus den verschiedensten Arten von Getreide ihr Brot.

The Germans make their bread from all sorts of different grains.

wachsen
['vaksən] *v*
to grow

die Pflanze
['pflantsə] *n*
the plant

Seit hier Pflanzen wachsen, verkaufe ich kaum mehr Luftballons.

I've hardly sold any balloons since the plants started growing here.

THE ENVIRONMENT

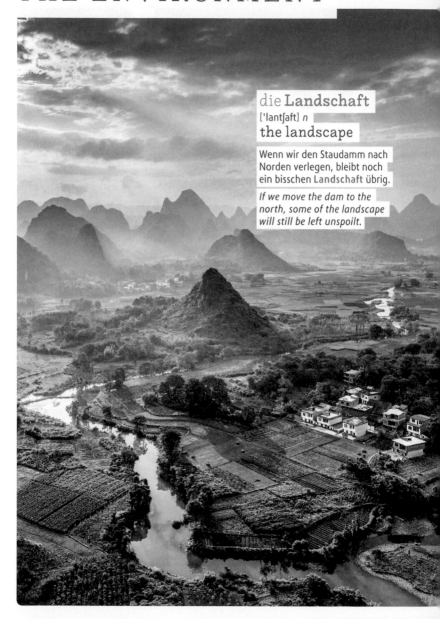

die **Landschaft**
['lantʃaft] *n*
the landscape

Wenn wir den Staudamm nach Norden verlegen, bleibt noch ein bisschen Landschaft übrig.

If we move the dam to the north, some of the landscape will still be left unspoilt.

die Umwelt
['ʊmvɛlt] *n*
the environment

Die Umwelt interessiert umso weniger, je weiter man weg ist.

The further removed people are from the environment, the less they are interested in it.

das Gebiet, die Zone
[gə'biːt], ['tsoːnə] *n*
the area

Meine wirkliche Problemzone ist mein Mund.

My real problem area is my mouth.

die Region
[re'gioːn] *n*
the region

Ich probiere immer alle Spezialitäten der Region.

I always try all the region's specialities.

regional
[regio'naːl] *adj*
regional

Wir haben gern etwas regionales Kolorit beim Waldspaziergang.

We like to bring some regional colour to our walks in the woods.

der Kontinent
['kɔntinɛnt] *n*
the continent

Nach den Wikingern entdeckte auch Kolumbus den Kontinent.

After the Vikings, Columbus also discovered the continent.

das Land
[lant] *n*
the land,
the country

Das Leben ist hart auf dem Land.

Life in the country is hard.

der Grund,
der Boden
[grʊnt], ['boːdən] *n*
the ground

Kaum berührt das Flugzeug den Grund, schon hängt Mr. Wichtig am Telefon.

The second the plane touches the ground, Mr Important is already on his phone.

der (Erd)Boden
['boːdən], ['(eːɐt)boːdən] *n*
the soil

Glaubst du, mein Gummi-bärchenbaum wächst auf diesem Boden?

Do you think my gummi bear tree will grow in this soil?

das **Eisen**
['aɪzən] *n*
the iron

Sie brauchen 7300 Tonnen Eisen? So ein Zufall, die haben wir hier rumstehen …

You need 7,300 tonnes of iron? What a coincidence, we just happen to have that much standing around here…

das **Gas**
[ga:s] *n*
the gas

Falscher Alarm: Es war kein Gas, sondern Lisas Zwiebelsuppe.

False alarm – it wasn't gas, it was Lisa's onion soup.

das **(Erd)Öl**
[(e:et)ø:l] *n*
the (crude) oil

Wie, ihr verbrennt das ganze schöne Erdöl einfach?

What? You're just burning all that lovely oil?

das **Metall**
[me'tal] *n*
the metal

Metall verändert seine Form unter hohem Druck.

Metal changes its shape at high pressures.

das **Gold**
[gɔlt] *n*
the gold

Wie findste meinen neuen Goldzahn?

What do you think of my new gold tooth?

das **Silber**
['zɪlbe] *n*
the silver

Ursprünglich hatte das Silberbesteck mal 96 Teile.

Originally, this set of silver cutlery had 96 pieces.

das **Erdbeben**
['eːetbeːbən] *n*
the earthquake

Nein, kein durchgeknallter
Architekt, nur ein **Erdbeben**.

*No, not a whacky architect,
just an earthquake.*

die **Wüste**
['vyːstə] *n*
the desert

Ein Pool mitten in der
Wüste – herrlich!

*How wonderful, a
swimming pool in the
middle of the desert!*

der **Gipfel**
['ɡɪpfəl] *n*
the peak

der **Berg**
[bɛrk] *n*
the mountain

Der **Berg** ruft, aber
ich hör' weg.

*The mountain is calling,
but I'm not listening.*

der **Wald**
[valt] *n*
the forest

der **Fluss**
[flʊs] *n*
the river

der **Weg**
[veːk] *n*
the path

Du immer mit deinen
Abkürzungen. Dieser **Weg**
führt ins Nichts!

*You and your shortcuts.
This path doesn't go anywhere!*

der **Hügel**
['hyːɡəl] *n*
the hill

In diesem Haus auf dem **Hügel**
möchte ich alt werden.

*I'd like to grow old in this house
on the hill.*

der See
[ze:] n
the lake

Der Elch steigt aus dem See, und ich erwarte ihn am Ufer.

As the moose comes out of the lake, I wait for him on the bank.

das Ufer
['u:fɐ] n
the bank

die Küste
['kʏstə] n
the coast

Das Ferienhaus an der Küste hatte überhaupt keinen Strand.

The holiday home was on the coast, but nowhere near a beach.

die Insel
['ɪnzəl] n
the island

Hey Mädels, ich hab' die Insel die ganze Woche gemietet.

Hey ladies, I've rented the island out for the whole week.

der Strand
[ʃtrantʃ] n
the beach

Als wir zum Strand kamen, gab es nur noch Stehplätze.

By the time we got to the beach, it was standing room only.

das Wasser
['vasɐ] n
the water

Willst du es nicht doch mal im Wasser probieren?

Don't you think it's time you tried it out on the water?

der **Ozean**
['oːtseaːn] *n*
the ocean

das **Mittelmeer**
['mɪtəlmeːr] *n*
the Mediterranean (Sea)

der **Pazifik**
[pa'tsiːfɪk] *n*
the Pacific
(Ocean)

der **Atlantik**
[at'lantɪk] *n*
the Atlantic
(Ocean)

der **Indische
Ozean**
[ɪndɪʃe 'oːtseaːn] *n*
the Indian
Ocean

die **Welle**
['vɛlə] *n*
the wave

Wir müssen noch durch
diese Welle, dann
haben wir es geschafft.

*We just need to get
through this one last
wave, then we'll
have made it.*

das **Meer**
['meːɐ] *n*
the sea

Ohne Stau durchs Meer auf dem
Weg zum Schildkrötentreffen.

*No traffic hold-ups on my
way through the sea to the
turtle convention.*

das **Wetter**
['vɛtɛ] *n*
the weather

Es gibt kein schlechtes Wetter, nur falsche Kleidung.

There's no such thing as bad weather, just the wrong clothes.

das **Klima**
['kli:ma] *n*
the climate

Das Klima verändert sich, mein Kind.

The climate is changing, my child.

die **Temperatur**
[tɛmpəra'tu:ɐ] *n*
the temperature

Bei der richtigen Temperatur schneide ich Glas mit der Schere.

If the temperature is right, I can cut glass with a pair of scissors.

sonnig
['zɔnɪç] *adj*
sunny

An sonnigen Tagen bevorzuge ich alkoholfreie Drinks.

I prefer alcohol-free drinks on sunny days.

normal
[nɔr'maːl] *adj*
normal

Schnee zu Ostern ist schon fast normal geworden.

Nowadays, it's almost normal for it to snow at Easter.

kühl
[kyːl] *adj*
cool

Wer die Wohnung kühl haben will, muss die Umwelt heizen.

Keeping your flat cool means heating up the environment.

heiß
[haɪs] *adj*
hot

kalt
[kalt] *adj*
cold

warm
['varm] *adj*
warm

die Wolke
['vɔlkə] *n*
the cloud

Hubraum schön und gut, aber das Wichtigste war ihm die schicke Wolke.

The powerful engine was all well and good, but the most important thing for him was the cool dust cloud.

die Hitze
['hɪtsə] *n*
the heat

die Wärme
['vɛrmə] *n*
the warmth

die Kälte
['kɛltə] *n*
the cold

bewölkt
[bə'vœlkt] *adj*
cloudy

trocken
['trɔkən] *adj*
dry

Richtig trocken wird es nur von Hand.

The only way to get it properly dry is by hand.

der **Wind**
[vɪnt] *n*
the wind

wehen, blasen
['ve:ən], ['bla:zən] *v*
to blow

Wenn der Wind so heftig weht, freut sich mein Friseur.

My hairdresser's always happy when the wind blows so strongly.

nass
[nas] *adj*
wet

Auch wenn ich nass werde, ich bleibe hier, bis Don Silvio mich braucht.

I don't care if I get wet, I'm staying here till Don Silvio needs me.

der **Sturm**
[ʃtʊrm] *n*
the storm

Ihr Memmen, dieses laue Lüftchen nennt ihr einen Sturm?

Call this a storm? It's no more than a gentle breeze, you wimps!

der **Regen**
['re:gən] *n*
the rain

Im Regen habe ich am meisten Spaß – meine Eltern weniger.

I always have a great time in the rain – unlike my parents.

der **Blitz**
[blɪts] *n*
the lightning

Blitze machen auch vor Kirchen nicht Halt.

Lightning doesn't even spare churches.

das **Gewitter**
[gə'vɪtɐ] *n*
the thunderstorm

der **Nebel**
['ne:bəl] *n*
the fog

Der Nebel hat das Industriegebiet gnädig zugedeckt.

Fortunately, the fog has completely covered over the industrial estate.

schneien
['ʃnaɪən] v
to snow

Nur Kinder freuen sich, wenn es **schneit**.

Only children are happy when it snows.

das Feuer
[fɔʏɐ] n
the fire

Im Feuer verbrannte auch meine ganze Comicsammlung.

My entire comic collection also burned in the fire.

(ver)brennen
['brɛnən], [fɛɐ'brɛnən] v
to burn

das Eis
[aɪs] n
the ice

Bleiben wir lieber drin, der Balkon ist voll Eis.

We'd better stay inside, the balcony's covered in ice.

die Über-schwemmung
[y:bɐ'ʃvɛmʊŋ] n
the flood

Ist das noch eine Pfütze oder schon eine Überschwemmung?

Would you still call this a puddle, or does it count as a flood now?

neblig
['ne:blɪç] adj
foggy

der Schnee
[ʃne:] n
the snow

regnen
['re:gnən] v
to rain

THE COSMOS

das All,
das Universum
[al], [uni'vɛrzʊm] *n*
the universe

Zwei Dinge sind unendlich,
das Universum und die
menschliche Dummheit …

Two things are infinite,
the universe and human
stupidity…

der Weltraum
['vɛltraum] *n*
space

der **Himmel**
['hɪməl] *n*
the sky

Flugzeuge gehören in den Himmel, nicht an den Strand.

Planes belong in the sky, not on the beach.

der **Mond**
[moːnt] *n*
the moon

die **Erde**
['eːedə] *n*
the earth

Von der Erde zum Mond braucht das Licht knapp 1,5 Sekunden.

It takes light just under 1.5 seconds to travel from the earth to the moon.

die **Sonne**
['zɔnə] *n*
the sun

Die Sonne hat manchmal einen besonderen Sinn für Dramatik.

Sometimes the sun seems to have a real sense of drama.

die **Luft**
[lʊft] *n*
the air

Seltsames Tier: Es trägt seine Luft auf dem Rücken.

What a funny creature, it carries its air on its back.

der **Stern**
[ʃtɛrn] *n*
the star

Für jeden echten Star gibt es hier einen Stern.

Every true star has their own star here.

der **Astronaut**, die **Astronautin**
[astroˈnaut], [astroˈnautɪn], *n*
the astronaut

Nicht jeder Astronaut heißt Major Tom.

Not every astronaut is called Major Tom.

der **Satellit**
[zateˈliːt] *n*
the satellite

Der Todesstrahl des Satelliten richtete sich auf Bad Aibling.

The satellite's death ray was aimed at Bad Aibling.

die **Zeit**
[tsaɪt] *n*
the time

Eine Sonnenfinsternis sieht
man nur für kurze **Zeit**.

*You only see an eclipse of
the sun for a short time.*

SPACE
& TIME

das **Jahr**
['jaːe] *n*
the year

Im Jahr des Drachen, heißt es,
werden große Männer geboren.

*They say that great men are
born in the year of the dragon.*

der **Januar**
['janua:e] *n*
January

der **Februar**
['fe:brua:e] *n*
February

der **März**
[mɛrts] *n*
March

der **April**
[a'prɪl] *n*
April

der **Mai**
['maɪ] *n*
May

der **Juni**
['ju:ni] *n*
June

der **Juli**
['ju:li] *n*
July

der **August**
[au'ɡʊst] *n*
August

der **September**
[zɛp'tɛmbe] *n*
September

der **Oktober**
[ɔk'to:be] *n*
October

der **November**
[no:'vɛmbe] *n*
November

der **Dezember**
[de'tsɛmbe] *n*
December

der Frühling
['fryːlɪŋ] *n*
the spring

der Sommer
['zɔmɐ] *n*
the summer

der Herbst
[hɛrpst] *n*
the autumn

der Winter
[wɪntɐ] *n*
the winter

In German, the names of the seasons are usually preceeded by *im*: *im Frühling, im Sommer, im Herbst, im Winter.*

**die Jahreszeit,
die Saison**
['jaːʀəstsaɪt], [zɛˈzõː] *n*
the season

In der Ski-Saison haben die Ärzte Hochkonjunktur.

The skiing season is the busiest time of year for doctors.

der Monat
['moːnat] *n*
the month

Der Monat August ist für viele gleichbedeutend mit Ferien.

For many people, the month of August is synonymous with holidays.

die **Woche**
['vɔxə] *n*
the week

Heinz richtet seine Medikamente für die Woche her.

Heinz is sorting out his meds for the week.

das **Wochenende**
['vɔxən|əndə] *n*
the weekend

Am Wochenende habe ich Manu endlich wiedergesehen.

I finally saw Manu again at the weekend.

der **Werktag**
['vɛrkta:k] *n*
the working day

Die Vertragsunterzeichnung war kein Werktag wie jeder andere.

The day we signed the contract wasn't just any old working day.

der **Montag**
['mo:nta:k] *n*
Monday

der **Dienstag**
['di:nsta:k] *n*
Tuesday

der **Mittwoch**
['mɪtvɔx] *n*
Wednesday

der **Donnerstag**
['dɔnesta:k] *n*
Thursday

der **Freitag**
['fraɪta:k] *n*
Friday

der **Samstag**
['zamsta:k] *n*
Saturday

der **Sonntag**
['zɔnta:k] *n*
Sunday

Heiligabend
['haɪlɪç'|aːbənt] n
Christmas Eve

Nein Sophie, die Kugeln bleiben
bis nach Heiligabend dran.

*No Sophie, the baubles have
to stay on till Christmas Eve
is over.*

Weihnachten
['vaɪhnaxtən] n
Christmas

Dieses Jahr verbringen wir
Weihnachten am Strand.

*This year we're having
Christmas on the beach.*

der Neujahrstag
['nɔyjaːestaːk] n
New Year's Day

Schon am Neujahrstag waren
alle guten Vorsätze vergessen.

*It was only New Year's Day
and all the resolutions had
already been forgotten.*

Silvester
[zɪl'vəste] n
New Year's Eve

Ohne Feuerwerk
kann ich mir Silvester
gar nicht vorstellen.

*I simply can't imagine
New Year's Eve without
the fireworks.*

der **Karneval**
['karnəval] *n*
the carnival

Im diesjährigen Karneval hatte Marisa ihren großen Auftritt mit den Schmetterlingen.

Marisa had her big appearance with the butterflies at this year's carnival.

der **Karfreitag**
[kaːeˈfʀaɪtaːk] *n*
Good Friday

Am Karfreitag gibt es überall auf der Welt Prozessionen.

On Good Friday there are processions all over the world.

Ostern
['oːsten] *n*
Easter

Glaubst du wirklich, dass zu Ostern ein Hase die Eier bringt?

Do you really believe that a bunny brings the eggs at Easter?

Pfingsten
['wɪtsn] *n*
Whitsun

An Pfingsten kommt der Heilige Geist herab.

The Holy Ghost descends at Whitsun.

THE DAY

der **Tag**
[taːk] *n*
the day

Das war der Tag, als Oskar
Fahrrad fahren gelernt hat.

*This was the day Oskar
learned to ride a bike.*

täglich
['tɛːklɪç] *adj*
daily

Unsere tägliche Fahrt aufs Festland in die Schule war echt lustig.

Our daily trip to school on the mainland was great fun.

die **Mitternacht**
['mɪtenaxt] *n*
midnight

Um Mitternacht erschien der Geist der toten Stieftochter.

The ghost of the dead stepdaughter appeared at midnight.

der **Nachmittag**
['naːxmɪtaːk] *n*
the afternoon

Meine Nachmittage verbringe ich meist auf dem Golfplatz.

I generally spend my afternoons on the golf course.

In German, a day can be divided up into the following:
morgens, vormittags (in the morning), mittags (at noon), nachmittags (in the afternoon), abends (in the evening), nachts (at night).

der **Morgen**
['mɔrgən] *n*
the morning

der **Mittag**
['mɪtaːk] *n*
the noon

der **Abend**
['aːbənt] *n*
the evening

die **Nacht**
[naxt] *n*
the night

morgens, vormittags
['mɔrgəns], [fo:emita:ks] *adv*
in the morning, a.m.

Die Schule beginnt immer um 8 Uhr morgens.

School always starts at 8 a.m.

die Sekunde
[ze'kʊndə] *n*
the second

Es sind noch zwei Sekunden bis zwölf.

There are still two seconds to go until twelve o'clock.

nachmittags
['na:xmɪtaks] *adv*
in the afternoon, p.m.

Die Schule endet heute erst um halb vier nachmittags.

We only finish school at 3.30 p.m. today.

die Minute
[mi'nu:tə] *n*
the minute

Tiefkühlspinat braucht acht Minuten in meiner Mikrowelle.

Frozen spinach takes eight minutes in my microwave.

die Stunde
['ʃtʊndə] *n*
the hour

So eine Oper kann viele Stunden dauern. Sehr viele Stunden ...

Operas like these can go on for hours. Hours and hours...

um
[ʊm] *prep*
at

Um ein Uhr nachts ist auf den Straßen noch was los.

The streets are still full of life at one o'clock in the morning.

... Uhr
['u:ɐ] *adv*
... o'clock

Bis zwei Uhr nachts liest Leo heimlich „Huckleberry Finn".

Leo secretly reads "Huckleberry Finn" until two o'clock in the morning.

sieben Minuten vor sechs
['zi:bən mi'nu:tən fo:ɐ 'zɛks] *phrase*
seven minutes to six

Viertel vor neun
['fɪrtəl fo:ɐ 'nɔyn] *phrase*
a quarter to nine

Punkt drei Uhr
['puŋkt 'draɪ 'u:ɐ] *phrase*
three o'clock sharp

vier Minuten nach sieben
['fi:ɐ mi'nu:tən na:x 'zi:bən] *phrase*
four minutes past seven

halb zehn
[halp 'tse:n] *phrase*
half past nine

Wie spät ist es?
[vi: 'ʃpɛ:t ɪst ɛs] *phrase*
What time is it?

Ich habe keine Ahnung, **wie spät es ist.**
I have no idea what time it is.

die **Viertelstunde**
[fɪrtəl'ʃtʊndə] *n*
the quarter of an hour

Eine Viertelstunde hat sie gesagt, und das war vor einer halben Stunde …
She said a quarter of an hour and that was half an hour ago…

die **halbe Stunde**
[halbə 'ʃtʊndə] *n*
half an hour

heute
['hɔytə] *adv*
today

Heute erwische ich die
perfekte Welle.

*Today I'm going to catch
the perfect wave.*

gestern
['gɛstən] *adv*
yesterday

Hätte ich gestern nur das
Wasser gewechselt.

*If only I'd changed the
water yesterday.*

morgen
['mɔrgən] *adv*
tomorrow

Morgen müsste die Blüte ganz
aufgegangen sein.

*The flower should be completely
open tomorrow.*

während
['vɛːrənt] *prep*
during

Während seiner
Einradnummer
jongliert Tom mit
fünf Bällen.

*Tom juggles five
balls during his
monocycle act.*

jetzt
[jɛtst] *adv*
now

Jetzt ist er schließlich
eingeschlafen.

*He's finally gone to
sleep now.*

vor
[foːɐ] *adv*
ago

Das war vor 85 Jahren, als
meine Großeltern heirateten.

*This was 85 years ago, when
my grandparents got married.*

das Datum
[daːtʊm] *n*
the date

Eriks Uhr zeigt sogar das
richtige Datum an.

*Erik's watch even shows
the right date.*

der Moment
[moˈmɛnt] *n*
the moment

Sie passte genau den
richtigen Moment ab.

*She waited for exactly the
right moment.*

wann
[van] *adv*
when

Wann wollte Papa mich
abholen?

*When was Dad supposed
to be picking me up?*

zuerst
[tsu'|e:est] *adv*
first

danach, dann
[da'na:x], [dan] *adv*
then

zuletzt
[tsu'lɛtst] *adv*
last

früh
[fry:] *adv*
early

Wenn ich früh genug da bin,
habe ich den See ganz für mich.

*If I get there early enough,
I have the whole lake to myself.*

spät
[ʃpɛ:t] *adv*
late

Spät am Abend beginnt die
Stadt zu leuchten.

*The city starts to glow late
in the evening.*

rechtzeitig
['rɛçtsaɪtɪç] *adv*
in time

Zum Glück ist der Ring noch
rechtzeitig geliefert worden.

*Luckily, the ring was delivered
in time.*

plötzlich
['plœtslɪç] *adv*
suddenly

Plötzlich knallte es, und eine
Lawine raste auf uns zu.

*Suddenly there was a bang
and an avalanche came
racing towards us.*

sofort
[zo'fɔrt] *adv*
immediately,
at once

Der Notarzt war sofort da.

*The emergency doctor came
at once.*

beginnen, anfangen
[bə'gɪnən], ['anfaŋən] *v*
to begin, to start

Die Ferien **fangen** ja gut **an** …

Well, the holidays are starting well…

(be)enden
[(bə)'ɛndən] *v*
to end

Der Western **endete** wie üblich.
The western ended in the usual manner.

bald
[balt] *adv*
soon

Bald ist es soweit, und dann können wir nicht mehr abends weggehen.
It'll soon be here and then we can forget about going out in the evenings.

bevor, vor
[bə'foːɐ], [foːɐ] *prep*
before

Zieh gefälligst deine Stiefel aus, **bevor** du reinkommst.
Kindly take your boots off before you come in.

nach
[naːx] *prep*
after

Nach dem Essen räumt jeder seinen Teller ab, sonst gibt es keinen Nachtisch.
Everyone has to clear their own plate away after dinner or there won't be any dessert.

anhalten, stoppen
['anhaltən], ['ʃtɔpən] *v*
to stop

Schnell, **halt** die Maschine **an**!
Quick, stop the machine!

sobald
[zoˈbalt] *conj*
as soon as

Sobald der Bogen fertig ist, kommt die Fahrbahn drüber.

As soon as the arch is ready, the roadway comes on top.

seit
[zaɪt] *prep*
since, for

Seit der Steinzeit versucht der Mensch, sich weiterzubilden.

Ever since the Stone Age, man has been trying to increase his learning.

bis
[bɪs] *prep*
until

Auch wenn kein Zug zu sehen ist: Wir müssen warten, **bis** die Schranke hoch geht.

Even if there's no train in sight, we still have to wait until the barrier goes up.

schon
[ʃoːn] *adv*
already

Sehe ich wirklich **schon** so alt aus?

Do I really look so old already?

dauern
[ˈdaʊɐn] *v*
to take, to last

Er hat die Zeitung dabei – das wird **dauern**.

He's got the newspaper in there – this could take a while.

meistens, normalerweise
[ˈmaɪstəns], [ˈnɔrmaːlevaɪzə] *adv*
usually

Wenn ich so schaue, geht Frauchen **meistens** mit mir raus.

My mum usually takes me out when I give her this look.

oft, häufig
[ɔft], [ˈhɔɥfɪç] *adv*
often

Nasse Füße kann man sich in Venedig relativ **oft** holen.

You can get wet feet in Venice pretty often.

258

nie, niemals
[niː], ['niːmaːls] *adv*
never

You can never wait until everyone's there!

> Nie kannst du warten, bis alle da sind!

> Immer hast du was zu meckern.

immer
['ɪmɐ] *adv*
always

You're always moaning about something.

manchmal
['mançmaːl] *adv*
sometimes

Manchmal ist Dolly die Einzige, die meine Gedichte versteht.

Sometimes, Dolly is the only one who understands my poems.

noch
[nɔx] *adv*
still

Bitte noch nicht abschließen, ich bin noch im Büro.

Please don't lock up yet, I'm still in the office.

noch nicht
[nɔx 'nɪçt] *adv*
not yet

selten
['zɛltən] *adv*
seldom

nun
[nuːn] *adv*
now

für immer
[fyːɐ 'ɪmɐ] *adv*
forever

SPACE

der **Ort**
[ɔrt] *n*
the place

Ich wollte diesen **Ort** geheim halten, aber die Reisegruppe war mir gefolgt.

I wanted to keep this place secret, but the tourist party followed me.

die Stadt
[ʃtat] *n*
the town, the city

In der Stadt müssen Menschen auf engstem Raum miteinander auskommen…

In the city, people need to get along in very close proximity to each other…

das Dorf
[dɔrf] *n*
the village

… im Dorf hat man mehr Platz, aber miteinander auszukommen ist deshalb nicht leichter.

…there is more space in a village, but that doesn't make getting along any easier.

der Platz
[plats] *n*
the square

Auf diesen Platz gehört ein eindrucksvolles Reiterstandbild!

What this square needs is an imposing statue of a man on horseback!

das Viertel
['fɪrtəl] *n*
the quarter

Manche nennen diesen Stadtteil das Kitschviertel.

Some people refer to this part of town as the kitsch quarter.

der Park
[park] *n*
the park

Tagsüber kann der Park wirklich schön sein.

The park can be really nice during the day.

der Friedhof
['friːthoːf] *n*
the cemetery

Auf diesem Friedhof möchte ich nicht begraben sein!

I wouldn't like to be buried in this cemetery!

nach
[na:x] *prep*
to, for

Der ICE **nach** Hamburg ist heute ausnahmsweise pünktlich.

The ICE train to Hamburg is running on time today, for once.

Ich glaub', dort oben kreist ein Geier.

Wo denn?

dort
[dɔʀt] *adv*
there

I think there's a vulture circling up there.

wo
[vo:] *adv*
where

Where?

auf
[auf] *prep*
on (top)

Da liegt sie am liebsten: oben **auf** den beiden Jungs.

Her favourite place to lie is on top of the two boys.

hinter
['hɪnte] *prep*
behind

Hey, versteck dich nicht **hinter** dem Schirm!

Hey, stop hiding behind the umbrella!

die Richtung
['rɪçtʊŋ] *n*
the direction

Jeder entscheidet selbst, in welche **Richtung** er geht.

Everyone chooses their own direction.

von oben
[fɔn 'oːbən] *prep*
from above

Ein eigenartiges Licht fiel **von oben** herein.

A strange light shone down from above.

über
['yːbɐ] *prep*
over, above

Mein Champion hüpft **über** jedes Hindernis.

My Champion can hop over any obstacle.

die **Seite**
['zaɪtə] *n*
the side

Welche **Seite** gefällt dir besser?
Which side do you like best?

hinauf
[hɪ'nauf] *adv*
up

hinunter
[hɪ'nʊnte] *adv*
down

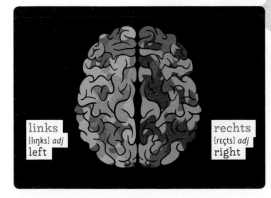

links
[lɪŋks] *adj*
left

rechts
[rɛçts] *adj*
right

vor
[foːɐ] *prep*
in front of

hier
[hiːɐ] *adv*
here

oben
['oːbən] *adv*
up, on top, upstairs

unten
['ʊntən] *adv*
down (below), downstairs

in
[ɪn] *prep*
in

Ich erschrak fast zu Tode, als
ich **in** die Kiste sah.

*I got the fright of my life when
I looked in the box.*

um (herum)
[ʊm (hɛˈrʊm)] *prep*
around

Zum Glück wickelt sich die Schlange
um den Ast und nicht **um** meinen Hals.

*Luckily, the snake is winding itself
around the branch rather than my neck.*

(hin)durch
[(hɪn)ˈdʊrç] *adv*
through

Geht nur **hindurch**, und
ihr werdet Augen machen!

*Just go through and you'll
be amazed at what you see!*

unter
[ˈʊntɐ] *prep*
under

Frau Müller, was machen Sie
denn da **unter** dem Tisch?

*Ms Müller, what are you doing
under the table?*

neben
[ˈneːbən] *prep*
next to, by

Luke sitzt **neben** Bob, und Bob
neben Warren, und Warren ...

*Luke is sitting next to Bob, Bob
next to Warren and Warren...*

draußen
['dʀausən] *adv*
outside

drinnen
['dʀɪnən] *adv*
inside

Drinnen war es auch nicht wärmer als draußen.

It was no warmer inside than outside.

hoch
[ho:x] *adj*
high

Zu diesem hohen Gipfel dort will ich heute auch noch.

I still want to make it up that high peak over there today.

niedrig, tief
['ni:dʀɪç], [ti:f] *adj*
low

Da stehen aber niedrige Häuser!

Those houses are really low!

Beim Stöckchenwerfen gibt es zwischen den beiden keinen Unterschied.

aus, von
[aus], [fɔn] *prep*
from

zu
[tsu:] *prep*
to, towards

an
[an] *prep*
at, on

in (hinein)
[ɪn (hi'naɪn)] *prep*
into

zwischen
['tsvɪʃən] *prep*
between

When it comes to throwing sticks, there's no difference between the two of them.

COLOURS & SHAPES

die Farbe
['farbə] *n*
the colour

Das indische Holi-Fest bringt
echt Farbe in unser Leben!

*The Indian Holi festival really
brings colour into our lives!*

die **Form**
[fɔrm] *n*
the shape

rund
[rʊnt] *adj*
round

die **Linie**
['liːnɪə] *n*
the line

das **Dreieck**
['draɪ|ɛk] *n*
the triangle

das **Quadrat**
[kva'draːt] *n*
the square

der **Kreis**
[kraɪs] *n*
the circle

das **Rechteck**
['rɛçt|ɛk] *n*
the rectangle

weiß
[vaɪs] *adj*
white

schwarz
[ʃvaʀts] *adj*
black

grau
[gʀaʊ] *adj*
grey

gelb
[gɛlp] *adj*
yellow

orange
[oˈʀãːʒə] *adj*
orange

rosa
[ˈroːza] *adj*
pink

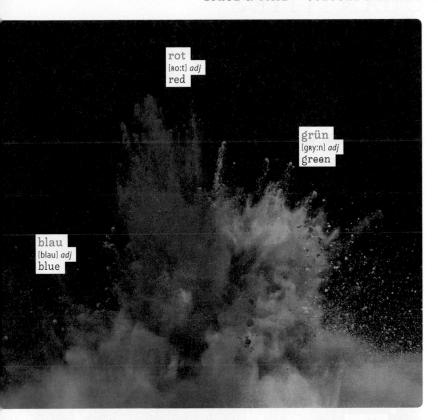

rot
[ʀoːt] *adj*
red

grün
[gʀyːn] *adj*
green

blau
[blau] *adj*
blue

violett
[vioˈlɛt] *adj*
violet

braun
[bʀaun] *adj*
brown

QUANTITIES

alle
['alə] *pron pl*
all

alles
['aləs] *pron sg*
everything

Hier bekommst du **alles** und kannst **alle** deine Wünsche erfüllen, wenn dein Kreditkartenlimit stimmt.

You can get everything here and fulfil all your wishes as long as you have the right credit card limit.

sehr
[ze:ɐ] *adv*
very

Ich mag Tiddles wirklich sehr.
Und sie mich.
*I love Tiddles very much and
she loves me too.*

viel
[fiːl] *adj*
much

In der Koffeinbrause ist viel
zu viel Zucker drin.
*The fizzy drink contains far
too much sugar.*

viel(e)
['fiːl(ə)] *pron*
many, a lot of

Für viele der Teilnehmer
war es der erste Marathon.
*For many of the racers it
was their first marathon.*

wie viel?
['viː 'fiːl] *phrase*
how much?

Wie viel verlangen Sie für
den ganzen Krempel?
*How much do you want
for the whole lot?*

etwa, ungefähr
['ɛtva], [ʊngəfɛːɐ] *adv*
about

Der Hamburger war
ungefähr so hoch.
*The hamburger was
about this high.*

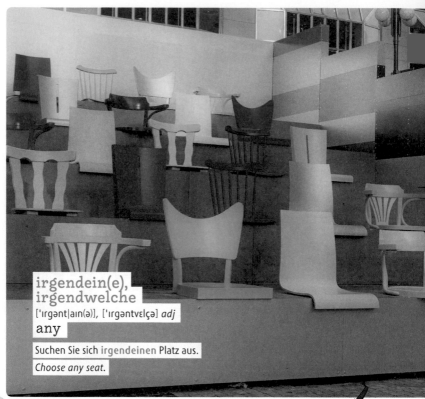

irgendein(e), irgendwelche
[ˈɪrgənt|aɪn(ə)], [ˈɪrgəntvɛlçə] *adj*
any

Suchen Sie sich irgendeinen Platz aus.

Choose any seat.

wenig
[ˈveːnɪç] *adj*
little, few

irgendjemand
[ˈɪrgəntjeːmant] *pron*
anybody, anyone

jede(r, -s)
[ˈjeːdə(r, -s)] *pron*
every, each

niemand
[ˈniːmant] *pron*
nobody, no one

etwas
[ˈɛtvas] *pron*
something

Suchst du **etwas** Bestimmtes in meinen Schubladen?

Is there something particular you're looking for in my drawers?

ein bisschen
[aɪn ˈbɪsçən] *adv*
a bit

... und nun noch ein bisschen Krötenschleim ...

...now I just need to add a bit of frogspawn...

Ich könnte etwas mehr davon brauchen, ich bin ein Junge im Wachstum!

etwas
['ɛtvas] *pron*
a little, some

I could do with a little more than that, I'm a growing lad!

Etwas is used in German to describe an unspecified amount of a whole: Ich hätte gerne etwas Wasser (I'd like some water); Meine Schwester spricht etwas Englisch (My sister speaks a little English).

über, hinüber
['yːbɐ], ['hɪnyːbɐ] *prep*
over

Gleich fließt das Wasser **über** den Rand.

The water is about to spill over the edge.

mehr
[meːɐ] *adj*
more

Mehr Tattoos passen nicht drauf. Schade!

There's no room for any more tattoos. What a shame!

weniger
['veːnɪɡɐ] *adj*
less

Meine Freundin hat gesagt, etwas weniger Haare im Gesicht seien ihr lieber.

My girlfriend said she would prefer a bit less facial hair.

jemand
['jeːmant] *pron*
somebody, someone

Kann mir vielleicht bitte **jemand** helfen?

Could somebody please give me a hand?

alle, jede(r, -s)
['alə],
['jeːdə(r, -s)] *pron*
everybody, everyone, each

Jeder brauchte ein eigenes Foto vom Konzert.

Everybody needed their own photo of the concert.

die Hälfte
['hɛlftə] *n*
the half

Welche Hälfte möchtest du?
Which half would you like?

die Gruppe
['grʊpə] *n*
the group

Wir müssen in der Gruppe über wirklich alles sprechen können.
We need to be able to talk about absolutely anything in the group.

genug
[gə'nuːk] *adj*
enough

Ich glaube, du hast jetzt genug Mehl, Marie!
I think you've got enough flour now, Marie!

der Teil
[taɪl] *n*
the part

Zumindest ist der größte Teil der Tasse noch in einem Stück.
On the plus side, the largest part of the cup is still in one piece!

das Paar
['paːɐ] *n*
the pair

Schau mal, ich habe ein Paar Ski im Keller gefunden.
Look, I found a pair of skis in the cellar.

nichts
[nɪçts] *pron*
nothing

Wie Sie sehen, sehen Sie nichts.
As you can see, there's nothing to see.

der **Meter**
['me:tɐ] *n*
the metre

Mein Gott, nun bist du schon einen Meter groß!

Gosh, you're already a metre tall!

Fast einen Kilometer ragt der Vulkan über dem Meer auf.

The volcano rises up almost a kilometre above the sea.

der **Kilometer**
[kilo'me:tɐ] *n*
the kilometre

die **Tonne**
['tɔnə] *n*
the ton, the tonne

Dieses Prachtexemplar wiegt fast eine Tonne.

This magnificent specimen weighs almost a ton.

das **Kilo(gramm)**
['ki:lo(gram)] *n*
the kilo(gram)

Mit einem Kilo Gold könnte ich unbeschwert Urlaub machen.

If I had a kilo of gold, I could go off on holiday without a care in the world.

der **Grad**
[gʀaːt] *n*
the degree

Unter null Grad wird Wasser zu Eis.

Water turns into ice at temperatures below zero degrees.

der **Liter**
['li:tɐ] *n*
the litre

Auf dem Oktoberfest gibt's Bier nur in Ein-Liter-Gläsern.

At the Munich beer festival, beer is only served in one-litre glasses.

der **Millimeter**
['mɪlime:tɐ] *n*
the millimetre

der **Zentimeter**
['tsɛntime:tɐ] *n*
the centimetre

das **Gramm**
[gram] *n*
the gram

das **Pfund**
[pfʊnt] *n*
the pound

NUMBERS

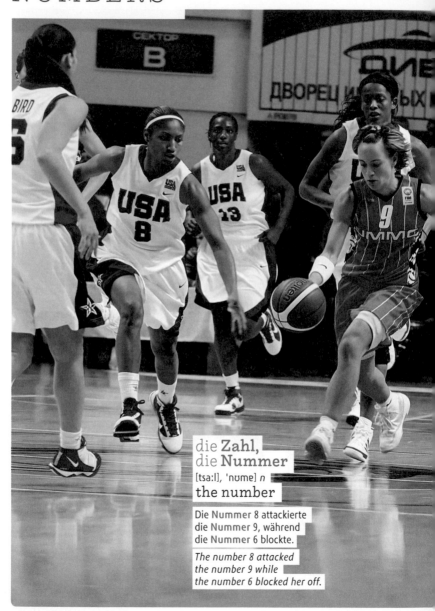

die **Zahl**,
die **Nummer**
[tsaːl], [ˈnʊmɐ] *n*
the number

Die **Nummer** 8 attackierte
die **Nummer** 9, während
die **Nummer** 6 blockte.

*The number 8 attacked
the number 9 while
the number 6 blocked her off.*

null
[nʊl]
zero

eins
[aɪns]
one

zwei
[tsvaɪ]
two

drei
[draɪ]
three

vier
[fiːɐ]
four

fünf
[fʏnf]
five

sechs
[zɛks]
six

sieben
['ziːbən]
seven

acht
[axt]
eight

neun
[nɔyn]
nine

zehn
[tseːn]
ten

elf
[ɛlf]
eleven

zwölf
[tsvœlf]
twelve

dreizehn
['draɪtseːn]
thirteen

vierzehn
['fɪrtseːn]
fourteen

fünfzehn
['fʏnftseːn]
fifteen

sechzehn
['zɛçtseːn]
sixteen

siebzehn
['ziːptseːn]
seventeen

achtzehn
['axtseːn] *n*
eighteen

neunzehn
['nɔyntseːn]
nineteen

zwanzig
['tsvantsɪç]
twenty

**einund-
zwanzig**
['aɪnʊnt-
'tsvantsɪç]
twenty-one

**zweiund-
zwanzig**
['tsvaɪʊnt-
'tsvantsɪç]
twenty-two

**dreiund-
zwanzig**
['draɪʊnt-
'tsvantsɪç]
twenty-three

**vierund-
zwanzig**
['fiːɐʊnt-
'tsvantsɪç]
twenty-four

dreißig
['draısıç]
thirty

vierzig
['fırtsıç]
forty

fünfzig
['fʏnftsıç]
fifty

sechzig
['zεçtsıç]
sixty

siebzig
['zi:ptsıç]
seventy

achtzig
['axtsıç]
eighty

neunzig
['nɔyntsıç]
ninety

**(ein)hun-
dert**
['(aın)hʊndet]
(one)
hundred

**hundert-
undeins**
[hʊndet-
ʊnd'aıns]
(one) hundred
and one

**fünf-
hundert**
[fʏnf'hʊndet]
five
hundred

**1.000
(ein)tausend**
['(aın)tauzənt]
(one) thousand

Hat der
Tausendfüßler
wirklich 1.000
Beinchen?

*Does a millipede
really have a
thousand legs?*

**1.000.000
eine Million**
[aınə mıl'jo:n]
one million

Eine Million Gläubige
beim Gebet.

*One million believers
at prayer.*

**1.000.000.000
eine Milliarde**
[aınə mı'ljardə]
one billion

Dieses Haus kostet
eine Milliarde Euro.

*This house costs one
billion euros.*

zählen
[tə 'kaʊnt] *v*
to count

Du musst bis 100 **zählen** ...

You have to count to 100...

erste(r, -s)
['eːəstə(r, -s)]
1st
first

zweite(r, -s)
['tsvaɪtə(r, -s)]
2nd
second

dritte(r, -s)
['drɪtə(r, -s)]
3rd
third

vierte(r, -s)
['fɪrtə(r, -s)]
4th
fourth

fünfte(r, -s)
['fʏnftə(r, -s)]
5th
fifth

sechste(r, -s)
['zɛkstə(r, -s)]
6th
sixth

siebte(r, -s)
['ziːptə(r, -s)]
7th
seventh

achte(r, -s)
['axtə(r, -s)]
8th
eighth

neunte(r, -s)
['nɔʏntə(r, -s)]
9th
ninth

zehnte(r, -s)
['tseːntə(r, -s)]
10th
tenth

elfte(r, -s)
['ɛlftə(r, -s)]
11th
eleventh

zwölfte(r, -s)
['tsvœlftə(r, -s)]
12th
twelfth

drei-
zehnte(r, -s)
['draɪtse:ntə(r, -s)]
13th
thirteenth

vier-
zehnte(r, -s
['fɪrtse:ntə(r, -s)]
14th
fourteenth

fünf-
zehnte(r, -s)
['fʏnftse:ntə(r, -s)]
15th
fifteenth

sech-
zehnte(r, -s)
['zɛçtse:ntə(r, -s)]
16th
sixteenth

sieb-
zehnte(r, -s)
['zi:ptse:ntə(r, -s)]
17th
seventeenth

acht-
zehnte(r, -s)
['axtse:ntə(r, -s)]
18th
eighteenth

neun-
zehnte(r, -s)
['nɔyntse:ntə(r, -s)]
19th
nine-
teenth

zwanzigs-
te(r, -s)
['tsvantsɪçstə(r, -s)]
20th
twentieth

einund-
zwanzigs-
te(r, -s
['aɪn|ʊnt-
'tsvantsɪçstə(r, -s)]
21st
twenty-
first

zweiund-
zwanzigs-
te(r, -s)
['tsvaɪ|ʊnt-
'tsvantsɪçstə(r, -s)]
22nd
twenty-
second

dreiund-
zwanzigs-
te(r, -s)
['draɪ|ʊnt-
'tsvantsɪçstə(r, -s)]
23rd
twenty-
third

vierund-
zwanzigs-
te(r, -s)
['fi:ə|ʊnt-
'tsvantsɪçstə(r, -s)]
24th
twenty-
fourth

dreißigste(r, -s)
['draɪsɪçstə(r, -s)]
30th
thirtieth

vierzigste(r, -s)
['fɪrtsɪçstə(r, -s)]
40th
fortieth

fünfzigste(r, -s)
['fʏnftsɪçstə(r, -s)]
50th
fiftieth

sechzigste(r, -s)
['zɛçtsɪçstə(r, -s)]
60th
sixtieth

siebzigste(r, -s)
['ziːptsɪçstə(r, -s)]
70th
seventieth

achtzigste(r, -s)
['axtsɪçstə(r, -s)]
80th
eightieth

neunzigste(r, -s)
['nɔʏntsɪçstə(r, -s)]
90th
ninetieth

hundertste(r, -s)
['hʊndetstə(r, -s)]
100th
hundredth

ENGLISH

A

a bit 272
about 133, 271
above 263
absent 137
accept 42
accident 225
accurate 138
accuse 102
accused 103
acquaintance 67
acquisition 193
action 35
activity 35
address 117
adjective 143
administration 94
adult 14
adverb 143
advise 79
Africa 213
after 257
afternoon 251
again 75
against 84
ago 255
agree 80
agreement 81
agricultural 108
agriculture 108
air 241
air force 96
airline 222
airport 223
alarm 51
Albania 214
alcohol 173
a little 273
alive 15

all 270
allow 77
All right 82, 88
almost 197
a lot of 271
alphabet 143
already 258
also 43
always 259
a.m. 252
ambulance 50
ancient 183
and 75
angry 84
animal 226
annoyed 84
answer 74
answerphone 145
any 272
anybody 272
anyone 272
apartment 122
appetite 163
apple 168
application 158
apply 159
April 245
a quarter
  to nine 253
area 231
areacode 145
Argentina 212
argue 84
argument 85
armed 97
army 96
around 264
arrival 220
art 182
article 153
ashtray 128

Asia 213
ask 74
as soon as 258
astronaut 241
at 252, 265
atheist 101
at home 117
Atlantic (Ocean) 235
at night 251
at noon 251
at once 256
attention 139
August 245
aunt 62
Australia 213
Austria 214
autumn 246

B

baby 13
back 16
bacon 169
bad 139
bad luck 202
bag 53
bakery 191
balcony 121
ball 198
ballpoint pen 161
banana 168
ban 77
bank 105, 234
banknote 106
bar 176
bass 189
bathroom
  122, 123
bath(tub) 124
beach 234
be afraid (of) 27

be allowed
  to 77
beauty 20
be born 12
be called 71
because 85
bed 127
bedroom 122
beef 169
beer 173
before 257
begin 257
be happy 28
behind 262
be interested
  in 134
Belarus 215
Belgian 215
Belgium 214
believe 33
belly 16
be lucky 29
be of use 35
be on strike 159
be quiet 72
be right 81
best 139
be surprised 29
better 139
between 265
be well 45
be wrong 81, 138
be … years old 15
bicycle 217
bike 217
bikini 57
bill 175
bird 228
birth 12
birthday 180
biscuit 166

black 268
bleed 46
block 119
blood 17
blouse 55
blow 238
blue 269
boat 224
body 16
boil 165
bone 17
book
  178, 185, 207
bookshop 191
border 91
Bosnia-
  Herzegovina 214
bottle 173
box 130
boy 13
brain 18
branch 229
brave 23
Brazil 212
bread 166
breakfast 178
breast 19
breath 47
breathe 47
bridge 220
briefs 55
brilliant 133
bring
  (along) 42
bring up 13
broadcast 150
brother 61
brown 269
brush one's
  teeth 124
build 111
building 119

A

Abend 251
Abendessen 178
abends 251
Abfahrt 220
Abgeordnete 93
Abonnement 153
abreisen 208
abschreiben 135
abstürzen 225
Abteil 221
abwaschen 128
abwesend 137
acht 277
achte(r, -s) 279
achtzehn 277
achtzehnte(r, -s) 280
achtzig 278
achtzigste(r, -s) 281
Adjektiv 143
Adresse 117
Adverb 143
Afrika 213
Ägypten 213
ähneln 20
Aktiengesell-
schaft 105
Alarm 51
Albanien 214
Alkohol 173
All 240
alle 270, 273
alles 270
Alles klar. 88
Alphabet 143
alt 14
am besten 139
Ampel 219
am schlechtesten 139
amtlich 94

amüsant 180
an 265
anbauen 109
anderen 59
anfangen 257
Angebot 193
Angeklagte 103
Angeklagter 103
angeln 203
angenehm 29
Angst 29
Angst haben
vor etw. 27
anhaben 57
anhalten 219, 257
anklagen 102
ankommen 208
Ankunft 220
anmachen 128
Anmeldung 141
annehmen 33, 42, 79
anprobieren 53
Anruf 145
Anruf-
beantworter 145
anrufen 144
Anschluss 221
Anstellung 156
Anstrengung 38
antik 183
Antwort 74
antworten 74
Anwalt 102, 155
Anwältin 102, 155
anwesend 137
anziehen 56
Anzug 54
anzünden 130
Apfel 168
Apotheke 48
Appetit 163

April 245
Arbeit 155, 183
arbeiten 155
Arbeitgeber 156
Arbeitgeberin 156
Arbeitnehmer 156
Arbeitnehmerin 156
arbeitslos 157
Arbeitsplatz 155
Argentinien 212
Ärger 84
ärgerlich 84
arm 16, 99
Arm 16
Armbanduhr 53
Armee 96
Armut 99
Artikel 153
Art und
Weise 109
Arzt 48
Ärztin 48
Aschenbecher 128
Asien 213
Ast 229
Astronaut 241
Astronautin 241
Atelier 183
Atem 47
Atheist 101
Atheistin 101
atmen 47
auch 43
auf 262
Aufführung 184
aufmachen 120
Aufmerksamkeit 139
aufräumen 131
aufstehen 40
aufwachen 40
aufwachsen 13

Auf Wiedersehen! 73
Aufzug 119
Auge 19
August 245
aus 265
ausbilden 137
Ausbildung 139
ausdrucken 147
ausdrücken 79
Auseinander-
setzung 85
Ausflug 211
Ausgabe 153
Ausgang 118
ausgeben 195
ausgebucht 209
ausgehen 180
ausgezeichnet 139
Ausländer 91
Ausländerin 91
ausländisch 91
ausmachen 128
ausschalten 128
Aussprache 143
aussuchen 193
Australien 213
ausverkauft 193
ausziehen 56
Auto 217
Autobahn 218

B

Baby 13
Bäckerei 191
Badeanzug 57
Badehose 57
baden 125
Badewanne 124
Badezimmer 122
Bahnhof 221

Bahnsteig 221
bald 257
Balkon 121
Ball 198
Banane 168
Bank 105
Banknote 106
Bar 176
Bass 189
basteln 203
Bauch 16
bauen 111
Bauernhof 109
Baum 229
Baumwolle 229
bedeuten 143
Bedeutung 143
Bedien dich! 87
bedienen 193
Bedienung 175
beeinflussen 94
beenden 257
Befehl 77
befehlen 77
beginnen 257
begreifen 133
behalten 41
behandeln 49
Behandlung 48
behindert 45
Bein 17
beinahe 197
Beispiel 135
Bekannte 67
Bekleidungs-
geschäft 191
bekommen 42
Beleg 194
Belgien 214
belgisch 215
bemerken 31

PHOTO CREDITS

shutterstock (3), gettyimages; 137 shutterstock (6); 138 shutterstock (5), diego cervo – Fotolia; 139 shutterstock (4), Fotalia; 140 shutterstock (4); 141 shutterstock (5); 142 Shutterstock; 143 shutterstock (7), Fotalia; 144 shutterstock; 145 shutterstock (4), Fotalia; 146 shutterstock (2); 147 shutterstock (5); 148 shutterstock (4); 149 shutterstock (3), Gina Sanders – Fotolia, Jean-Pierre – Fotolia, gettyimages; 150 shutterstock (2), gettyimages, Fotalia; 151 shutterstock (2), gettyimages; 152 shutterstock (3); 153 shutterstock (6), gettyimages; 154 shutterstock; 155 shutterstock (6), fotogestoeber – Fotolia, gettyimages/Stockbyte; 156 shutterstock (4), helix – Fotolia; 157 shutterstock (3), Günter Menzl – Fotolia, gettyimages/2007 Thinkstock Images; 158 shutterstock (2), pizuttipics – Fotolia, Digital Vision.; 159 shutterstock (5); 160 shutterstock (3), Peter Atkins – Fotolia; 161 shutterstock (5); 162 shutterstock; 163 shutterstock (6), Werner Heiber – Fotolia; 164 shutterstock (3), Angela – Fotolia; 165 shutterstock (5), Jiri Miklo – Fotolia, yamix – Fotolia; 166 shutterstock (6), kab-vision – Fotolia; 167 shutterstock (4); 168 shutterstock (4); 169 shutterstock (6), gettyimages; 170 shutterstock (5); 171 shutterstock (5), gettyimages; 172 shutterstock (4), IrisArt – Fotolia, liveostockimages – Fotolia, Fotalia; 173 shutterstock (7), Erwin Wodicka; 174 shutterstock; 175 shutterstock (5), Pixelbliss – Fotolia; 176 shutterstock (4), emmi – Fotolia; 177 shutterstock (5); 178 shutterstock (5), Kadmy – Fotolia; 179 shutterstock (2), gettyimages (2); 180 shutterstock (4), Tom Bayer – Fotolia, gettyimages; 181 shutterstock (3); 182 shutterstock; 183 shutterstock (6); 184 shutterstock (3), shoot4u – Fotolia; 185 shutterstock (5); 186 shutterstock (4); 187 shutterstock (6); 188 shutterstock (5); 189 shutterstock (3); 190 shutterstock; 191 shutterstock (3), Mimi Potter – Fotolia, areafoto – Fotolia; 192 shutterstock (5); 193 shutterstock (5), fotandy – Fotolia; 194 shutterstock (4); 195 shutterstock (4); 196 shutterstock; 197 shutterstock (3), gettyimages, gandolf – Fotolia; 198 shutterstock (2), devizm – Fotolia, Freefly – Fotolia, Galina Barskaya – Fotolia, Alexander Rochau – Fotolia; 199 shutterstock (4), Dudarev Mikhail – Fotolia, gettyimages, Kirill Zdorov – Fotolia, carmeta – Fotolia; 200 shutterstock (6); 201 shutterstock (3), Lovrencq – Fotolia, PeopleImages.com – #5028ddc66a178; 202 shutterstock (5); 203 shutterstock (4), pics – Fotolia; 204 shutterstock; 206 shutterstock; 207 shutterstock (7), Tatjana Balzer – Fotolia; 208 shutterstock (2), gettyimages/2006 Jupiterimages; 209 shutterstock (5); 210 shutterstock (5), 2003 Thinkstock LLC, TOM BAYER; 211 shutterstock (3), Günter Menzl – Fotolia; 212 shutterstock; 214 shutterstock; 215 shutterstock (4), Fotalia; 216 shutterstock; 217 shutterstock (3), Victimy – Fotolia, Frank-Peter Funke – Fotolia; 218 shutterstock (4), Christian Schwier – Fotolia, DOC RABE Media – Fotolia; 219 shutterstock (4), gettyimages/Ryan McVay; 220 shutterstock (6), Claudia Nagel – Fotolia; 221 shutterstock (4); 222 shutterstock (4); 223 shutterstock (6); 224 shutterstock (2); 225 shutterstock (5); 226 shutterstock; 227 shutterstock (5), Nadine Haase – Fotolia, gandolf – Fotolia; 228 shutterstock (6); 229 shutterstock (4), akiebler – Fotolia; 230 shutterstock; 231 shutterstock (8); 232 shutterstock (6); 233 shutterstock (5); 234 shutterstock (4), Günter Menzl – Fotolia; 235 shutterstock (3); 236 shutterstock (2), gettyimages; 237 shutterstock (6); 238 shutterstock (5), gettyimages/Michael Blann, PANORAMO.de – Fotolia; 239 shutterstock (3), Daniel Strauch – Fotolia; 240 shutterstock; 241 shutterstock (7); 242 shutterstock; 244 shutterstock; 245 shutterstock (12); 246 shutterstock (6), gettyimages/2007 Thinkstock Images; 247 shutterstock (2), Fotolia, Kzenon – Fotolia; 248 shutterstock (4); 249 shutterstock (4); 250 shutterstock; 251 shutterstock (4), Alexander Rochau – Fotolia; 252 shutterstock (7); 253 shutterstock (2), Jürgen Fälchle – Fotolia; 254 shutterstock; 255 shutterstock (7), gettyimages/Thomas Northcut; 256 shutterstock (4), chesterF – Fotolia, Ansebach – Fotolia; 257 shutterstock (5); 258 shutterstock (6), Himmelssturm – Fotolia, Fotolia; 259 shutterstock (4); 260 shutterstock; 261 shutterstock (5), ErnstPieber – Fotolia; 262 shutterstock (5); 263 shutterstock (6); 264 shutterstock (3), Michael Siegmund – Fotolia, gettyimages; 265 shutterstock (3), Netzer Johannes – Fotolia, steffenw – Fotolia; 266 shutterstock; 267 shutterstock (6); 268 shutterstock (4), Paul Orr – Fotolia; 269 shutterstock (3); 270 shutterstock; 271 shutterstock (5); 272 shutterstock (4); 273 shutterstock (5), gettyimages, Fotolia; 274 shutterstock (4), gettyimages/Dennis Maloney; 275 shutterstock (7); 276 shutterstock; 277 shutterstock (25); 278 shutterstock (14); 279 shutterstock (2); 280 shutterstock (2); 281 shutterstock (8); 282 gettyimages.